A IDENTIDADE DA CIÊNCIA DA RELIGIÃO

FRANK USARSKI

A IDENTIDADE DA CIÊNCIA DA RELIGIÃO

Autor: Frank Usarski

Diretor da Almedina Brasil: Rodrigo Mentz
Editor: Marco Pace
Editor de Desenvolvimento: Rafael Lima
Produtora Editorial: Erika Alonso
Assistentes Editoriais: Letícia Gabriella Batista e Tacila Souza
Estagiária de Produção: Natasha Oliveira
Revisão: Élcio Carvalho

Diagramação: Almedina
Design de Capa: Roberta Bassanetto

ISBN: 9786554272001
Dezembro, 2023

Dados Internacionais de Catalogação na Publicação (CIP)
(Câmara Brasileira do Livro, SP, Brasil)

Usarski, Frank
A identidade da ciência da religião / Frank Usarski. – São Paulo : Edições 70, 2023.

ISBN 978-65-5427-200-1

1. Fenomenologia 2. Empirismo 3. Religião – Filosofia 4. Religião – História 5. Sociologia 6. Teologia I. Título.

23-175651 CDD-200

Índices para catálogo sistemático:

1. Ciência da religião 200

Eliane de Freitas Leite – Bibliotecária – CRB 8/8415

Este livro segue as regras do novo Acordo Ortográfico da Língua Portuguesa (1990).

Editora: Almedina Brasil
Rua José Maria Lisboa, 860, Conj. 131 e 132, Jardim Paulista | 01423-001 São Paulo | Brasil
www.almedina.com.br

A IDENTIDADE DA CIÊNCIA DA RELIGIÃO

FRANK USARSKI

70

SUMÁRIO

O CONCEITO DA "TRADIÇÃO DA *SEGUNDA ORDEM*" COMO CHAVE DA LEITURA

Desde minha chegada ao Brasil, em 1998, me sinto desafiado pela insegurança de estudantes da ciência da religião quanto ao perfil e à identidade da disciplina. Um dos resultados do meu engajamento na discussão afim foi a publicação *Constituintes de ciência da religião - cinco ensaios em prol de uma disciplina autônoma* (Usarski, 2006). Desde seu lançamento tenho acompanhado com satisfação o bom número das suas menções tanto em artigos, dissertações e teses quanto em ementas de cursos em nossa área. Sou especialmente grato pela repercussão do raciocínio apresentado no referido livro em meu ambiente acadêmico imediato, isto é, o Programa de Pós-Graduação em Ciência da Religião da Pontifícia Universidade Católica de São Paulo (PUC-SP), cujos integrantes - docentes e discentes - têm se mostrado abertos para conversas construtivas e questionamentos críticos acerca da obra. Esta dinâmica tem servido como estímulo para dar continuidade às minhas reflexões, o que levou a publicações posteriores que testemunham uma busca aprofundada para os fundamentos e traços inconfundíveis de nossa disciplina.

Os quatro artigos, publicados no decorrer dos últimos anos e reapresentados neste livro fazem parte desta produção avançada. A decisão de juntá-los aqui se justifica pelo fato de que o lançamento separado dos originais dificulta a percepção da sua complementariedade argumentativa. Esta lógica integrativa subjacente é indicada pela expressão "tradição da *segunda ordem*" (Popper, 1962, p. 127), no título do primeiro texto. O termo é emprestado da história e da filosofia da ciência a qual designa a coesão cognitiva de uma comunidade científica devido ao compromisso dos seus integrantes com o legado intelectual "profundo" da sua disciplina. Esta formulação implica que uma "tradição da *segunda ordem*" reside em um outro patamar para além do acúmulo de um saber referente aos fatos preferencialmente enfocados pela pesquisa do respectivo grupo de cientistas. Trata-se de um consenso sobre a *pertinência* e *legitimidade* dos *caminhos* e *procedimentos* pelos quais o saber da "*primeira ordem*" foi adquirido. O historiador da filosofia e da ciência Mark Schiefsky discrimina os dois níveis com as seguintes palavras:

> Conhecimento de primeira ordem é o conhecimento sobre o mundo, seja teórico ou prático; pode ser um conhecimento de como as coisas são, ou um conhecimento de como [...] fazer as coisas. O conhecimento de segunda ordem é o conhecimento que deriva da reflexão sobre conhecimento de primeira ordem: por exemplo, um método para gerar novos procedimentos. O conhecimento de segunda ordem é também uma "imagem do conhecimento", na medida em que estabelece uma concepção ou norma para o que é conhecimento em um determinado domínio. A ideia de prova matemática é um conceito paradigmático de segunda ordem, pois envolve uma especificação das

condições sob as quais as afirmações matemáticas podem ser aceitas como verdadeiras (Schiefsky, 2012, p. 192).

Enquanto esta caracterização é consensual entre autores que se dedicam à investigação da estrutura da ciência, os termos "conhecimento de *primeira ordem*" e o de "*segunda ordem*" são menos frequentes do que a diferenciação entre "teoria" e "metateoria" (*meta*, grego = além). Neste caso a expressão "teoria" é um sinônimo do "saber de *primeira ordem*" no sentido de uma descrição e análise de objetos considerados relevantes para uma ciência. Correspondente à expressão "saber de *segunda ordem*", o substantivo "metateoria" refere-se à teoria "além" da teoria, isto é, à "filosofia atrás da teoria" ou ao "conjunto fundamental de ideias sobre como se deve pensar e pesquisar os fenômenos de interesse em um campo particular" (Bates, 2005, p. 2).

Losee (2001) tangibiliza a estrutura tripla de qualquer empreendimento científico deste jeito:

(2) Análise de procedimentos da explanação científica
(1) Explanação de fatos
(0) Fatos

O esquema deixa entender que cada ciência se refere ao mundo fenomenológico na base de uma hierarquia de relevância que coloca, no centro de atenção, aquele segmento da realidade que é de interesse para a respectiva comunidade científica. Em nosso caso, contam aqueles dados e fatos que são relacionados à religião. A interpretação do material levantado é uma operação intelectual da "primeira ordem".

Essas operações não ocorrem de maneira aleatória, mas são regulamentadas por normas e princípios "metateóricos". A "análise de procedimentos da explanação" (nível 2) garante que os procedimentos "teóricos" (nível 1) sigam as regras estipuladas pela comunidade científica em cujo nome a pesquisa é realizada. Segundo Losee, este controle é feito de acordo com perguntas como estas:

Que características distinguem a investigação científica de outros tipos de investigação? Quais procedimentos os cientistas devem seguir para investigar a natureza? Que condições devem ser satisfeitas para que uma explicação científica seja correta? Qual é o estado cognitivo das leis e princípios científicos?

Segundo Losee,

> fazer estas perguntas é assumir um ponto de vista um passo distante da prática da própria ciência. Há uma distinção a ser feita entre fazer ciência e pensar sobre como a ciência deve ser feita. A análise do método científico é uma disciplina de segunda ordem, cujo objeto são os procedimentos e estruturas das diversas ciências (Loose, 2001, p. 2).

Mais do que em outros momentos da prática científica, reflete-se na "análise de procedimentos da explanação científica" o caráter coletivo do campo acadêmico. Os critérios para as reflexões sobre a adequação metateórica de uma pesquisa representam um consenso da *comunidade* [*sic*!!!] científica e um compromisso de cada integrante com as normas consensuais, o que qualifica o acadêmico singular como parte integral do grupo.

A identidade de uma disciplina é uma função do segundo nível de reflexão. Isso tem duas implicações. Primeiro, a identidade disciplinar transcende as escolhas de teorias e métodos preferidos por cada membro individual da comunidade. Segundo, a "análise de procedimentos da explanação científica" não é uma operação *ad hoc*. Ela consta na aplicação de parâmetros coletivamente construídos ao longo prazo. Por isso, faz sentido afirmar que uma disciplina possui uma **"tradição da *segunda ordem*."**

Tomando como garantido que a estrutura da ciência da religião se organiza na forma acima resumida, os primeiros dois artigos do presente livro dedicam-se à identificação dos elementos que constituem a "tradição da *segunda ordem*" da nossa disciplina.

O primeiro ensaio *A tradição da segunda ordem como fonte identitária da ciência da religião – reflexões epistemológicas e concretizações* cumpre essa tarefa mediante uma leitura de publicações lançadas no final do século XIX e nas primeiras décadas do século XX. Uma vez que este período coincide com a época da institucionalização da ciência da religião em universidades europeias, os autores dos livros escolhidos podem ser considerados pioneiros da nossa disciplina.

O segundo texto, *Demarcando as fronteiras da ciência da religião: um esboço com referências à discussão epistemológica na Alemanha*, visa demonstrar que as articulações de *segunda ordem* na fase fundante da nossa disciplina universitária iniciaram uma "tradição" propriamente dita. Com esse objetivo foram abordados pronunciamentos de língua alemã lançados por instituições e autores representativos para a ciência da religião nas últimas décadas. O levantamento desse material, sua leitura e o resumo dos seus resultados foram feitos junto a minha colega conterrânea, Astrid Reuter, professora catedrática de ciência da religião e pesquisadora do *cluster* de excelência "Religião e Política" na Universidade de Münster, Alemanha.

O terceiro ensaio intitulado *O pesquisador como benfeitor? Reflexões sobre os equívocos da ciência prática da religião e sua Alternativa* é uma reação "metateórica" à recepção "ingênua" do conceito da "ciência da religião aplicada". No Brasil, essa abordagem ganhou visibilidade a partir dos esforços de Udo Tworuschka de propagar aquilo que ele chama a "ciência prática da religião" (Tworuschka, 2013). O fato de que a questão sobre as funções extra-acadêmicas da ciência da religião aparece hoje com frequência em nossas agendas acadêmicas é, sem dúvida, mérito de Tworuschka. Um olhar detalhado na proposta do colega, porém, revela pontos nevrálgicos na abordagem e a necessidade de adaptá-los às exigências metateóricas da "tradição da *segunda ordem*" no sentido dos dois primeiros ensaios do presente livro.

O quarto texto, *A ciência da religião aplicada como desafio para formação universitária – sugestões sobre a adequação curricular de estudos pós-graduados da área*, retoma o assunto da "ciência da religião aplicada" e transforma as críticas formuladas à "ciência prática da religião" *à la* Twourschka em uma reflexão sobre o potencial da nossa disciplina de contribuir para os debates sócio-políticos na busca de melhorias em diferentes setores da sociedade.

Além dos quatro ensaios acima indicados, a/o leitor/a encontrará um apêndice que aborda de maneira suscinta alguns aspectos da relação entre a ciência da religião e o estudo teológico do mundo plural das religiões.

Espero que a leitura sequencial dos textos escolhidos evidencie não somente sua coerência racional, mas, também, que possa impulsionar a discussão em andamento sobre a identidade da nossa disciplina.

A “TRADIÇÃO DA *SEGUNDA ORDEM*” COMO FONTE IDENTITÁRIA DA CIÊNCIA DA RELIGIÃO – REFLEXÕES EPISTEMOLÓGICAS E CONCRETIZAÇÕES[1]

Introdução

No Brasil, situações de constrangimento profissional não faltam a um cientista da religião formado no exterior em meio a uma comunidade acadêmica sustentada por uma consciência corporativa de representar uma disciplina bem resolvida. Para citar apenas um exemplo: em um simpósio organizado por um programa de pós-graduação cujo nomenclatura “ciências da religião” não deveria ter deixado dúvidas sobre a identidade intelectual do respectivo corpo docente, um dos palestrantes confessou, frente a um público cheio de colegas e alunos, que “a gente ainda não sabe exatamente o que o termo ‘ciências da religião’ implica”. O depoimento da insegurança epistemológica não encontrou reações contrárias. Em vez disso, impôs-se um ar do alívio entre o público devido à sensação de que a falta de clareza sobre o perfil da nossa disciplina

[1] Texto originalmente publicado no periódico *INTERAÇÕES*, v. 13. n. 23, pp. 23-37, jan./jul.2018.

não decorria de uma falha individual de cada ouvinte, mas, sim, de uma deficiência coletiva. Em termos de sociologia da ciência, manifestações desse tipo apontam para uma espécie de desconhecimento identificado por Vetter como um "problema de acesso" (Vetter, 1975). Não se trata, do ponto de vista do referido autor, de uma verdadeira lacuna no depósito do saber de uma comunidade acadêmica, mas, sim, de falta de familiaridade de membros singulares da mesma com o conhecimento coletivamente já estabelecido. Nesse sentido, a afirmação de ignorância sobre o perfil epistemológico inconfundível de uma disciplina aponta para um compartilhamento incompleto do estado-da-arte e, portanto, para uma discrepância entre a conquista intelectual de uma comunidade científica na sua totalidade e o discernimento particular de representantes individuais daquela comunidade – pelo não alcance de fontes, por razões substanciais, técnicas ou linguísticas.

Este artigo pretende diminuir essa disparidade por meio de uma sistematização de reflexões de terceiros, que têm contribuído – de forma direta ou indireta – para o repertório ao qual cientistas da religião se referem em momentos da justificativa epistemológica da particularidade e autonomia da sua disciplina. O respectivo raciocínio é organizado em três passos. Os primeiros dois pontos tratam das especificidades da ciência em sentido mais geral, a saber: a postura acadêmica exigida por cientistas empíricas e as constituintes formais de uma disciplina universitária. Essas duas reflexões prepararão uma discussão mais específica sobre o aspecto central deste texto, isto é, os elementos identitários da ciência da religião deduzidos de publicações clássicas da nossa área.

Especificidades cognitivas do trabalho científico

A primeira aproximação em relação à questão da identidade da ciência da religião apropria-se da observação de que o trabalho acadêmico representa uma forma específica da consciência (Berger, 2011, p. 35). Essa característica, postulada por Peter L. Berger de acordo com seu orientador Alfred Schütz (que - por sua vez - elaborou sua sociologia fenomenológica com referência à filosofia de Husserl) não é privilégio de nenhuma disciplina. É um aspecto fundante de qualquer empreendimento científico. Como tal, o último está em tensão com a postura que qualifica nossas operações mentais enquanto habitamos nosso "mundo da vida", ou seja, nosso ambiente cotidiano.

Para Schütz (Schütz, 1932) e seus herdeiros intelectuais (Berger; Luckmann, 2004), esse "mundo da vida" é a esfera em que os seres humanos experimentam a realidade como algo certo e confiável. Essa experiência é uma função da "atitude natural" assumida pelos "indivíduos no sentido de uma suspensão de dúvida sobre a 'natureza' desta esfera". Ao pôr entre parênteses "a dúvida de que esse mundo e seus objetos pudessem ser outros que não lhe aparentam ser" (Vaz; Costa, 2013, p. 90) o ser humano trata o "seu" mundo como uma "facticidade". Em outras palavras, a "vida cotidiana [...] na qual nós nos movimentamos todos os dias, nos é dada como inquestionável, não é posta em dúvida, e oferece uma pauta de certezas, cujo processo de criação não é questionado" (Schröder, 2006, p. 14).

O trabalho científico exige uma superação da atitude natural por meio de um salto deliberado para uma esfera em que a "realidade" perde - do ponto de vista do observador - seu caráter auto evidente. Na medida em que o indivíduo consegue se distanciar de sua "crença" na facticidade não problemática do "mundo da vida", ele entra em uma "província de sentido" diferente, regulamentada por um mecanismo mental alternativo concebido, por Schütz e outros, como "atitude teórica". Esta última é a constituinte básica do "raciocínio científico" em consequência à "decisão do cientista em substituir sua participação afetiva nos objetos e temas desse mundo por uma atitude contemplativa desinteressada" (Vaz; Costa, 2013, p. 89). No sentido de uma norma idealizada, a "atitude teórica" é caracterizada por uma postura em que nenhum pressuposto ou fato são aceitos como simplesmente existentes e desprovidos da necessidade de explicação (Schütz; Luckmann, 2017, pp. 631-633). Em vez disso, por princípio, qualquer fenômeno é sujeito da reflexão permanente.

O princípio metodológico da "atitude teórica" salientado por Schütz como obrigatório para qualquer empreendimento acadêmico tem desempenhado um papel central para autores preocupados com a seriedade do trabalho de cientistas da religião nos seus contextos universitários. Um empreendimento intelectual merece a classificação como "disciplina" na medida em que seus representantes são capazes de "disciplinar" suas mentes de acordo com as exigências de Schütz. Nesse sentido, pode-se afirmar, a partir de uma citação de Peter L. Berger, que o cientista da religião "é uma pessoa que se ocupa em compreender" seu campo de estudo

> [...] de uma maneira disciplinada. Essa atividade tem uma natureza científica. Isto significa que aquilo que [...] descobre e afirma a respeito dos fenômenos [...] que estuda ocorre dentro de certo quadro de referência de limites rigorosos (Berger, 2011, p. 6).

Nem sempre o compromisso com essa norma fica tão explícito como no caso de Hans-Jürgen Greschat, quando ele estipula o ideal de "espectador indiferente" capaz de "desligar" as orientações e perspectivas cotidianas ao raciocinar academicamente (Greschat, 2005, pp. 164-165). Com isso, Greschat salienta a tensão entre o pensamento cotidiano e o raciocínio científico e a predominância do último no ambiente universitário como aspectos cruciais do mundo acadêmico, em geral e da ciência da religião, em particular. Todas as outras observações sobre a identidade da nossa disciplina são funções desse princípio.

Especificidades estruturais do trabalho científico

As reflexões acima focam na necessidade de o pesquisador deixar para trás o mundo da vida e a atitude natural que o sustenta e assumir uma postura diferente diante dos objetos e suas relações ao serem estudados. Falta ainda um melhor esclarecimento a respeito da "província do sentido" que o pesquisador acessa na medida em que seu salto cognitivo da atitude natural para a atitude teórica é bem-sucedido. A primeira determinação dessa província é seu caráter coletivo. Nenhum cientista atua em isolamento, mas faz parte de um empreendimento compartilhado com outros integrantes da mesma sociedade (!!!) acadêmica. Trata-se de um subsistema social que é, como qualquer outro, constituído por um conjunto de regras e princípios específicos que ordena a convivência dos seus integrantes. Em outras palavras:

> Uma comunidade científica é um grupo social relativamente bem definido. Estrutura-se em parte por si mesmo: é uma

> confraria onde os indivíduos se reconhecem como membros de um mesmo corpo. [...] Temos um grupo social que se autodefine de acordo com sua atividade, cujos membros se reconhecem entre si e que tem, portanto, a sua coerência própria própria (Fourez, 1995, p. 93).

Nesse sentido, a interação dos representantes de uma disciplina pode ser entendida como a dinâmica de um "campo científico", definido por Bourdieu como

> o universo no qual estão inseridos os agentes e as instituições que produzem, reproduzem ou difundem [...] a ciência. Esse universo é um mundo social como os outros, mas que obedece a leis sociais mais ou menos específicas. A noção de campo está aí para designar esse espaço relativamente autônomo, esse microcosmo dotado de suas leis próprias próprias (Bourdieu, 2003, p. 20).

A dimensão sociológica salientada pelas duas citações acima é um constituinte importante da "província do sentido" habitado por integrantes de uma disciplina. Porém, não é suficiente para um entendimento adequado do salto cognitivo realizado pelo pesquisador em prol da superação da sua atitude natural que o prende ao mundo cotidiano. É de alta relevância que o grupo dos representantes de uma disciplina seja portador de uma determinada maneira de considerar, problematizar e interpretar "o mundo".

A sobreposição entre a existência de uma comunidade acadêmica autoconsciente de si e a "cosmovisão" compartilhada pelos integrantes daquele grupo é crucial para o conceito de paradigma entendido por Thomas S. Kuhn como conjunto de três dimensões. Além da dimensão sociológica, há a dimensão histórica que corresponde ao fato de que paradigmas nascem e organizam o pensamento de um grupo científico durante um determinado período. A terceira dimensão é a filosófica, no sentido de "filtros" que deixam os fenômenos de estudos aparecerem de uma maneira específica e determinam as direções em que devem progredir a pesquisa de cada membro da comunidade (Kuhn, 2000, p. 13).

Paradigmas no sentido de uma cristalização de repertório de conhecimento cujo compartilhamento é obrigatório para os membros de uma sociedade científica se reproduzem por meio da formação acadêmica de gerações subsequentes de aspirantes a fazer parte do grupo já constituído. Em outras palavras

> o estudo dos paradigmas é o que prepara um estudante para ser membro da comunidade científica e, sendo um ingressante nesta comunidade, o estudante irá reunir-se a pessoas que o ajudaram a ter a base de determinada investigação e com isso sua prática dentro da comunidade científica dificilmente entrará em desacordo com o resto do corpo da comunidade (Patricio, 2016, pp. 12-13).

De acordo com Walter Capps, a transmissão transgeracional da herança disciplinar estabelece uma "tradição da *segunda ordem*" definida como uma:

> Narrativa coordenada das escolas principais de interpretação, métodos de abordagem, legados de escolaridade e, mais importante, uma memória viva compartilhada sobre as maneiras em que todos estes fatores constitutivos são relacionados entre si (Capps, 1995, p. 15).

Essa tradição da *segunda ordem* não cai do céu e não se perpetua "naturalmente". Ela depende do senso da responsabilidade e da consciência corporativa de cada representante da disciplina, ou seja:

> Os intelectuais, professores, pesquisadores e estudantes do campo são confiados a saber quais são os métodos e como eles funcionam, como se aproximar e abordar os objetos e focos e onde se pode encontrar as informações e usá-las de maneira qualificada. O registro e a transmissão dos produtos e das consequências destas perguntas servem para moldar as tradições que pertencem a uma disciplina. Tais tradições têm a função de guiar as atividades intelectuais em andamento (Capps, 1995, p. 14).

Uma vez que "um campo acadêmico não pode aspirar a conhecer seu caminho, a não ser que possa se relacionar com seu passado intelectual de maneira narrativa" (Capps, 1995, p. xvi), pergunta-se sobre os elementos constitutivos da "tradição da *segunda ordem*" que devem ser apreciados no caso da ciência da religião. O próximo parágrafo dedica-se ao levantamento desses aspectos identitários.

Elementos da tradição da *segunda ordem* da ciência da religião

A primeira questão a ser respondida é de natureza histórica. A partir de que momento no passado os traços da *segunda ordem* da ciência da religião tornam-se manifestos? Um forte indicador para o "nascimento" dessa tradição é o fato da institucionalização da nossa disciplina nas universidades europeias durante o último quarto do século XIX. Já nessa fase encontram-se na literatura articulações da convicção de que a nova matéria se apresentava de maneira consolidada no mundo acadêmico da época.

Lang, por exemplo, avaliou que nossa disciplina teria "alcançado conclusões que já respiram o ar do seu firme estabelecimento" nas universidades (Lang, 1898, p. 1). Um ano depois, Tiele mostrou-se seguro no que dizia respeito aos méritos da então ciência da religião e afirmou, em 1899, que esta "conquistara definitivamente seu lugar entre as diferentes ciências humanas" (Tiele, 1899, p. 2). Em palavras semelhantes, Jastrow afirmou, em 1901, que a ciência da religião "tomou seu lugar entre as ciências contemporâneas e ninguém poderia negar a sua importância" (Jastrow, 1901, p. vii).

Essa posição se manteve consensual também nas décadas seguintes, como prova a opinião de Jordan, que – sem negar o dinamismo interno e a atualização contínua da disciplina – salientou, em 1920, que o percurso da última já era "nitidamente rastreável" (Jordan, 1920, p. 39).

Essa unanimidade sobre o status da ciência da religião corresponde a uma ampla convergência entre autores relevantes a respeito dos constituintes substanciais e metodológicas da "tradição da *segunda ordem*" da nossa disciplina. Sem pretensão de oferecer uma discussão exaustiva sobre uma lista completa de elementos-chave, o presente artigo contenta-se com uma reflexão breve sobre sete aspectos identitários logicamente inter-relacionados. Trata-se: a) do interesse de conhecimento determinante para nossa disciplina; b) do seu caráter hermenêutico-filológico e empírico; c) do compromisso do cientista da religião com o princípio da abstinência de julgamento de fenômenos religiosos; d) do caráter comparativo dos seus estudos; e) da estrutura interna da disciplina no sentido da complementariedade dos ramos histórico e sistemático;

f) do repertório heurístico multidisciplinar da ciência da religião; e g) da demarcação disciplinar diante da teologia.

Quanto ao primeiro aspecto, vale lembrar o seguinte: abstraindo da fase dominada pela fenomenologia da religião na tradição de Rudolf Otto, a ciência da religião tem se mostrado cética quanto a abordagens que insistem em seu caráter "não reducionista" e se comprometem com a busca para um conhecimento que reflete a suposta "verdadeira profundidade" do nosso objeto. Desde cedo – e, em parte, ainda antes do surgimento da fenomenologia da religião – tem se articulado uma oposição a tal vertente "essencialista". Uma das primeiras articulações de uma posição que é hoje amplamente aceita no âmbito da ciência da religião no nível internacional encontra-se na já citada obra de Tiele. Precedendo o princípio "moderno" de que nossa disciplina se dedica a uma análise da religião em termos não religiosos, Tiele alertou ainda em 1899:

> O objeto da nossa ciência não é o supra-humano em si, mas a religião que se baseia na fé no supra-humano. E essa religião deve ser investigada como um fenômeno histórico-psicológico e sociológico, ou seja, como algo puramente humano (Tiele, 1899, p. 4).

Com essas palavras, Tiele concorda com o princípio contemporâneo de que nossa disciplina não investiga "o Sagrado", para citar apenas uma das possíveis nomenclaturas atribuídas ao "absoluto". Em vez disso, levanta e analisa as múltiplas manifestações de **discursos** sobre "o Sagrado". Esses discursos encontram-se no mundo religioso sob múltiplas formas, como em textos, construções arquitetônicas, sistemas simbólicos, no sentido mais geral, inclusive em gestos etc.

O foco da ciência da religião no observável, tangível e sensorial se sobrepõe com um segundo aspecto, ou seja, com as consequências metodológicas da exclusão da "transcendência" da agenda da pesquisa. Orientado na "materialidade" do seu objeto e dependente da forma do "discurso" estudado, o cientista da religião típico estuda seu objeto por meio de uma abordagem histórico-filológica, apropria-se de técnicas empíricas associadas ao amplo espectro das ciências sociais ou opta por uma abordagem oriunda da ciência da cultura (Führding, 2013).

Esses métodos - eis o terceiro elemento constitutivo para a tradição da *segunda ordem* - são sustentados por uma postura específica do cientista da religião diante dos seus objetos de estudo. Tal postura corresponde ao conceito da "atitude teórica" de Schütz válida para cada ciência, mas é "matizada" de maneira específica conforme o "etos" de cada disciplina.

No caso da ciência da religião, a atitude teórica culmina na abstinência de um julgamento dos objetos religiosos investigados por parte do pesquisador. Max Müller, por vezes considerado o "pai" da ciência da religião, foi um dos primeiros autores que se manifestaram nesse sentido, tendo afirmado em uma publicação de 1882 que

> na vida cotidiana seria um erro assumir uma posição neutra entre [...] posturas conflitantes. Como estudantes da ciência da religião, subimos para uma esfera superior e mais serena. O estudante da história das ciências naturais não sente raiva do alquimista nem briga com o astrólogo: ele simplesmente quer entender como eles enxergam as coisas. O mesmo vale para o cientista da religião. Ele quer descobrir o que é religião, qual base ela tem na alma dos Homens e quais leis ela segue no seu percurso histórico (Müller, 1882, p. 7).

Seis anos mais tarde, Tiele caracterizou o cientista da religião como alguém "que não conhece heresiarcas, hereges ou pagãos. Para ele, todas as formas da religião são objetos de investigação como se fossem diferentes linguagens em que a mente religiosa se articula" (Tiele, 1899, p. 8). No mesmo espírito, Stanley A. Cook exigiu, em 1914, que um cientista da religião se abstivesse de preestabelecidas avaliações referentes à validade ou adequação de determinadas ideias. Para o autor, o pesquisador não deve perguntar "Concordamos com uma determinada crença ou um certo costume?" Em vez disso, a questão seria: os aspectos de uma religião estudados são "elementos genuínos" e representam "uma parte integral da vida e do pensamento do contexto em que aparecem?" Norteado dessa maneira, o pesquisador se protege da tentação de "condenar, obscurecer ou refutar dados que coincidentemente ofendem nossas atuais sensações e simpatias religiosas" (Cook, 1914, p. xii).

Como as referências indicam, a exigência ao cientista da religião – de colocar suas paixões, preferências, antipatias e aversões entre parênteses –, faz parte da tradição da *segunda ordem* da nossa disciplina desde sua fase inicial. Ao mesmo tempo, os então protagonistas da ciência da religião apresentaram sua disciplina preferencialmente como um empreendimento comparativo, como já indica o frequente uso da correspondente nomenclatura da nossa área como *Comparative Religion* (Jordan, 1905), *Vergleichende Religionsforschung* (Saussaye, 1898) ou *Vergleichende Religionswissenschaft* (Müller, 1876). A seguinte citação joga uma luz nas preocupações implícitas nessas nomenclaturas:

> 'Quem conhece apenas uma [religião], não conhece nenhuma'. Esse ditado provém originalmente do fundador da ciência da

> religião como disciplina universitária, do indólogo e linguista Friedrich Max Müller, e representa uma espécie de uma programática desta disciplina [...]. A significância de religiões não se pode deduzir pela ocupação [do pesquisador] com apenas uma única religião [...], mas demanda a investigação cautelosa de diversas tradições religiosas (Ahn; Branković; Heidbrink, 2015, p. 21).

Até hoje, o estudo transversal e comparado de religiões representa uma das ambições mais específicas da ciência da religião. Por essa razão, ela conta como o quarto aspecto constitutivo da tradição da *segunda ordem* da nossa disciplina. Desse ponto de vista, Kitagawa tem razão quando acusa colegas especializados em uma única tradição religiosa de "miopia acadêmica" (Kitagawa, 1968, pp. 197-198).

A quinta constituinte da tradição da *segunda ordem* da ciência da religião é uma função direta do quarto elemento e, como outros constituintes já mencionados, tem sido articulada desde cedo na evolução da nossa disciplina. Um exemplo é o raciocínio de Edward Caird que abre seu livro *The Evolution of Religion*, publicado em 1899, com uma reflexão sobre "a possibilidade de uma ciência da religião". Nesse primeiro capítulo, o autor contextualiza nossa disciplina no então universo acadêmico apontando para dois processos intelectuais simultâneos fundamentais para qualquer ciência moderna, ou seja, o estudo de fatos e as interpretações conceituais dos mesmos. Segundo Caird, essas duas operações são também programáticas da ciência da religião, que não se deve contentar com a observação e descrição de elementos específicos de religiões concretas, mas também deve se esforçar para descobrir regras, ordem e razão naquilo que, "à primeira vista, parece acidental, caprichoso e sem sentido" (Caird, 1899, p. 1).

Outra referência de mesmo tipo é tirada do livro de Widgery lançado em 1923, em que o autor adverte que uma mera vistoria de fatos religiosos não qualifica a ciência da religião. Esta última exigiria, como segundo passo, que os dados levantados fossem submetidos a análises sistemáticas em prol do descobrimento de princípios da conexão entre as religiões e seus elementos (Widgery, 1923, p. 14). A mais conhecida explicitação da complementariedade dessas duas atividades intelectuais encontra-se na tese de livre-docência de Joachim Wach, publicada em 1924 e dedicada à fundamentação metateórica da ciência da religião (Wach, 1924). Conforme o autor, as operações no interior da nossa disciplina podem ser categoricamente diferenciadas entre esforços intelectuais históricos e sistemáticos. Enquanto os primeiros reconstroem o desenvolvimento e o *status* atual de religiões singulares, os segundos têm um caráter transversal e identificam, no material, coincidências e divergências entre os diferentes sistemas religiosos no mundo. Por meio desse ramo, a ciência da religião realiza-se como a disciplina comparada e tratada no parágrafo anterior. O fato de a subdivisão de nossa disciplina sugerida por Joachim Wach repercutir nas ofertas universitárias da nossa área no mundo inteiro comprova o caráter identitário dessa organização no interior da nossa disciplina.

A pesquisa – tanto de religiões singulares quanto o estudo transversal das religiões no plural – exige do cientista da religião uma competência multidisciplinar. A apropriação de abordagem e a adoção de procedimentos oriundos de outros contextos acadêmicos no horizonte integrativo da ciência da religião afirma que disciplinas têm sido enfatizados desde a fase fundante da ciência da religião e representam, portanto, o sexto elemento da nossa tradição da *segunda ordem*, comprovada pela literatura de longa data. Desde cedo também tem sido consensual que as incorporações de abordagens e *insights* de outros campos de estudo não invalidam a reivindicação de autonomia da ciência da religião.

Michael Pye (2017), por exemplo, caracteriza nossa disciplina como um quadro integrativo em termos metodológicos, e esta afirmação dá continuidade a reivindicações articuladas há décadas.

Tiele, para citar mais uma vez sua publicação de 1899, classificou os diferentes campos de estudos da religião como "disciplinas preparatórias" das quais a ciência da religião se apropriaria de "maneira própria" (Tiele, 1899, pp. 12-13). O mesmo papel auxiliar foi cogitado por Hershey Sneath no seu comentário introdutório ao livro de Hopkins quando ele escreveu, em 1918, que em nenhum momento da história a religião foi pesquisada de maneira tão cautelosa e abrangente do que nas três décadas imediatamente anteriores. Entre as disciplinas que contribuíram para esse estudo, encontram-se a história, a antropologia, a psicologia e a sociologia (Sneath, 1918, p. i).

Levando a sério essa relação "tradicional" entre disciplinas "assistentes", por um lado, e a ciência da religião como horizonte disciplinar principal, por outro, Walter Capps, nosso advogado do conceito da tradição da *segunda ordem*, reiterou:

> A dependência da ciência da religião das contribuições originárias de outros campos acadêmicos e disciplinas não faz com que a ciência da religião seja parasítica. Ela adaptou esses materiais e métodos aos seus objetivos e propósitos, ao mesmo tempo em que manteve sua relação simbiótica com outros campos e disciplinas. [...] Muitos desses métodos e materiais eram acessíveis antes da fundação da ciência da religião, mas não a combinação nem a maneira como eles foram integrados.

> O que é novo são os arranjos, as inter-relações, a dinâmica com a qual métodos e conteúdos foram unidos, bem como os focos e intenções intelectuais específicos (Capps, 1995, p. 290).

O sétimo elemento da tradição da *segunda ordem* da ciência da religião tem a ver com o fato de a idealização e a identificação de alteridades desempenharem um papel importante para a construção da identidade corporativa e a geração do compromisso de cada integrante do grupo com as normas que regulamentam as interações entre os membros da comunidade. Nesse sentido, a ciência da religião está submetida à mesma dinâmica que qualquer outro segmento do mundo acadêmico. Em outras palavras: "disciplinas acadêmicas podem ser entendidas como tribos com territórios próprios, que são protegidos de forasteiros e investidos com poder e significado para os seus internos" (Knott, 2007, p. 174). Desde cedo, a Teologia se tornou a referência "negativa" predileta da ciência da religião. Jordan, na parte do seu livro de 1920 em que reflete sobre "ganhos, necessidades e tendências" (Jordan, 1920, pp. 115-146), exemplifica essa retórica ao afirmar que o pertencimento de um cientista da religião a uma comunidade de fé lhe traz desvantagens porque o "homem pensante" consideraria uma conexão desse tipo com suspeita se soubesse que representantes das respectivas instituições apenas desdobram posições oficiais, isto é, "uma determinada autorizada interpretação de um dado livro sagrado" (Jordan, 1920, p. 131). Por isso, Jordan defende a criação das cátedras próprias, emancipadas de controle denominacional.

Comentário final

O levantamento de denominadores comuns que norteiam o trabalho coletivo de cientistas da religião não é um fim em si. É um pré-requisito para a geração e manutenção de uma consciência coletiva em prol da coesão entre pesquisadores individuais que habitam o mesmo segmento do mundo acadêmico. Segundo Walter Capps, empreendimentos intelectuais coletivos não suportados por essa consciência coletiva não se qualificam como atividades associadas a campos científicos. Apenas operações acadêmicas que exponham uma tradição da *segunda ordem* podem ser consideradas manifestações de uma disciplina (Capps, 1995, p. 15).

A sobrevivência de tradições da *segunda ordem* em longo prazo é uma função do cultivo contínuo dessas heranças acadêmicas. Nesse sentido, uma tradição da *segunda ordem* assemelha-se a um *sistema autopoiético* que "reproduz os seus elementos e suas estruturas dentro de um processo operacionalmente fechado com ajuda dos seus próprios elementos" (Mathis, s.d., pp. 3-4). Isso significa que uma tradição da *segundo ordem* apenas existe enquanto os herdeiros desse legado intelectual a mantêm viva por meio da comunicação entre si. Caso contrário, uma tradição da *segunda ordem* cai no esquecimento. É por esse motivo que discursos de professores administrativamente associados a um programa de pós-graduação de Ciência da Religião que confessem, em sala de aula ou em uma mesa redonda, falta de clareza sobre o perfil da nossa disciplina são tão preocupantes.

DEMARCANDO AS FRONTEIRAS DA CIÊNCIA DA RELIGIÃO: UM ESBOÇO COM REFERÊNCIAS À DISCUSSÃO EPISTEMOLÓGICA NA ALEMANHA[2]

ARTIGO ESCRITO EM PARCERIA COM ASTRID REUTER[3]

Introdução

De acordo com um raciocínio elaborado em um artigo anterior (Usarski, 2018b), este texto pretende contribuir para a delimitação epistemológica da ciência da religião como empreendimento intelectual inconfundível. Enquanto o artigo de 2018 se baseava em uma metaleitura de articulações sobre a identidade da nossa disciplina com referência à situação da ciência da religião no fim do século XIX e nas primeiras décadas do século XX, a síntese apresentada neste trabalho foca publicações introdutórias à nossa disciplina lançadas mais recentemente por autores de língua alemã.

É o objetivo deste texto verificar até que ponto o consenso identificado nas publicações da primeira fase se consolidou com a institucionalização continuada da nossa área no sentido de

---

[2] O original deste ensaio foi publicado na *REVER - Revista de Estudos da Religião*, v. 21, n. 1, 2021, pp. 209-229.

[3] Professora de Ciência da Religião e pesquisadora principal do *cluster* de excelência "Religião e Política" da Universidade de Münster, Alemanha.

uma crescente normatização intelectual por meio de associações científicas e congressos da área no decorrer do século XX. A busca ampliada por denominadores comuns da ciência da religião mantém a orientação no conceito da tradição da *segunda ordem* sugerido por Walter Capps. Segundo o autor, a tradição da *segunda ordem* representa uma

> [...] narrativa coordenada das escolas principais de interpretação, métodos de abordagem, legados de escolaridade e, mais importante, uma memória viva compartilhada sobre as maneiras em que todos estes fatores constitutivos estão relacionados entre si (Capps, 1995, p. 15).

Uma vez que uma tradição pode ser definida como um contínuo de comunicação transgeracional com o objetivo de manter a identidade de um sistema cultural, fica claro que a narrativa coordenada mencionada por Capps é resultado de esforços do passado cuja validade prolongada depende da apreciação do legado pelos representantes atuais da respectiva disciplina. Por isso, Capps acrescenta:

> Aos intelectuais, professores, pesquisadores e estudantes do campo é confiado saber quais são os métodos e como eles funcionam, como se aproximar e abordar os objetos e focos e onde se pode encontrar as informações e usá-las de maneira qualificada. O registro e a transmissão dos produtos e das consequências dessas perguntas servem para moldar as tradições que pertencem a uma disciplina. Tais tradições têm a função de guiar as atividades intelectuais em andamento (Capps, 1995, p. 14).

O conceito da *tradição da segunda ordem* assim caracterizado direciona nossa atenção para proposições epistemológicas frequentemente encontradas nas publicações aqui escolhidas. Em função da respectiva metaleitura, foi selecionado um número limitado de livros e artigos afins. O volume relativamente pequeno dessa seleção não afeta sua representatividade substancial. A ciência da religião na Alemanha é considerada uma disciplina pequena em termos dos seus corpos docentes, recursos financeiros e presença institucional nas universidades. Essa situação favorece uma "estrutura comunicativa densa" entre as/os cientistas da religião e tem promovido "um inventário temático quase canônico" e norteador para a maioria dos integrantes da disciplina (Stausberg, 2012, p. 8). Tudo isso aumenta a probabilidade de que as fontes consultadas reflitam um discurso relativamente homogêneo, cuja sintetização é o objetivo do presente artigo.

A questão da identidade da disciplina

Um olhar sobre publicações da fase de institucionalização da ciência da religião deixa a impressão de que, quando os respectivos autores argumentaram em prol da autonomia da disciplina, eles não estavam muito preocupados com a justificativa dessa reivindicação. Não se pode afirmar o mesmo para as gerações posteriores de cientistas da religião de língua alemã, cujas respectivas articulações revelam uma cautela no que diz respeito à afirmação do *status* específico da nossa disciplina. Hubert Seiwert, por exemplo, professor aposentado de Ciência da Religião da Universidade de Leipzig e presidente da Associação Alemã da Ciência da Religião (*Deutsche Vereinigung für Religionswissenschaft*) entre 2001-2009, não pode ignorar os questionamentos relativos à autonomia da nossa disciplina e começa um texto sobre os aspectos epistemológicos da área com a citação de perguntas externas comuns, como: "Existe mesmo uma ciência da religião? 'Ciência da religião' não é um termo genérico para uma série de ciências que se ocupam de religião?" (Seiwert, 2014, p. 15). Seiwert chama atenção para o fato de que uma ciência da religião que insiste na sua autonomia enfrenta, nesse debate, três argumentos. O primeiro contra-argumento tem a ver com a não exclusividade de objeto do estudo. O segundo problema reside na falta de uma metodologia própria. Além disso, há uma variabilidade dos contextos acadêmicos da ciência da religião, que, a depender da universidade, é institucionalizada em faculdades como ciências culturais, ciências sociais, ciências do Oriente ou, até mesmo, a teologia (Seiwert, 2014, p. 15).

Cientistas da religião que respondem à primeira objeção concordam com a não exclusividade do estudo do seu objeto, mas salientam que a identidade de sua disciplina é dada por uma concentração inigualável no fenômeno da religião. Esse foco temático acentuado distingue a ciência da religião de "disciplinas como a sociologia, história ou indologia que abordam a religião apenas como um dos seus diversos assuntos" (Bochinger; Frank, 2015, p. 346). A centralidade do fenômeno da religião, para a nossa disciplina, tem a ver com o fato de que assuntos afins ocupam o lugar epistemológico do *explanandum*, diferentemente do que ocorre em outras disciplinas relevantes, em que aspectos religiosos estão localizados no nível de *explanans*. Isso significa que, enquanto a ciência da religião se ocupa da religião por um interesse imediato nela, áreas de estudo como a dos sociólogos da religião prestam atenção em manifestações religiosas porque elas revelam algo sobre a sociedade; do ponto de vista da ciência da religião, em síntese, a religião é o fim e não o meio da investigação.

É nesse sentido que Stausberg concebe a ciência da religião como uma "matéria definida pelo objeto" (Stausberg, 2012, p. 8) e argumenta que "um historiador que se ocupa de religião continua a ser um historiador" e que um(a) "cientista da religião que trata exclusivamente de fenômenos históricos sem referência aparente ao assunto da religião deixa de ser um cientista da religião" (Stausberg, 2012, p. 9). Isso não significa que sociólogos, historiadores e representantes de outras disciplinas que se interessam por religião tratem-na exclusivamente como uma variável dependente (de desenvolvimentos sociais, históricos, culturais ou outros) e não reconheçam seu potencial dinâmico. Nesse sentido, os colegas de outras disciplinas não têm o objetivo de entender a religião, mas, sim, de entender a dinâmica do desenvolvimento social ou histórico.

Por outro lado, um(a) cientista da religião que coloca a religião no topo da sua agenda acadêmica é comparável a um integrante da pedagogia focado no campo da educação, que não vê problema em integrar, no estoque de conhecimento coletivo da sua comunidade acadêmica, *insights* e resultados produzidos externamente, por exemplo, no âmbito da psicologia ou da economia, em prol da solução de problemas em que aspectos educativos desempenham um papel complementar.

Na discussão sobre a carência, em nossa disciplina, de uma metodologia própria, destaca-se o posicionamento de Michael Pye (2017). O autor, durante décadas professor catedrático de Ciência da Religião na Universidade de Marburgo, reconhece a validade do argumento dos críticos, mas aponta para a organização específica do estoque do nosso conhecimento sobre a religião e argumenta que esta sistematização, *per se*, faz com que a ciência da religião seja uma área acadêmica autônoma. Além disso, a disciplina se diferencia de outras matérias interessadas na religião por uma composição particular de métodos emprestados. Segundo Pye:

> A disciplina da ciência da religião exige um agrupamento de métodos. Embora os métodos à nossa disposição sejam conhecidos no contexto de outras disciplinas, eles são reunidos de uma maneira particular para facilitar o estudo preciso do campo em questão, especificamente, das religiões. A disciplina resultante não é exatamente a mesma que as disciplinas necessárias para o estudo de outros campos, ou campos definidos de maneira diferente (Pye, 2017, p. 163).

Para o autor, a necessidade de uma combinação metodológica adequada é uma consequência do caráter plurifacetado do nosso objeto, que é composto por aspectos conceituais, comportamentais, sociais e subjetivos representados por fontes escritas, orais e materiais. De acordo com Pye, cada uma dessas dimensões e manifestações requer uma abordagem específica em prol da investigação holística do nosso objeto. Evitando que o estudo da religião seja "dividido ao meio", no sentido de um trabalho paralelo de especialistas em subáreas como a da história ou etnologia, a(o) cientista da religião precisa ter uma formação metodológica que a(o) capacite a abordar o objeto multidimensional da religião de maneira integrativa em termos instrumentais. Pye salienta que não se trata de um mero cruzamento de técnicas de pesquisa no sentido de uma agregação aditiva de abordagens, mas de uma aplicação simultânea de métodos que se complementam na busca de um entendimento e de uma análise a mais completa possível da religião. Essa combinação de métodos resulta em uma interdisciplinaridade no sentido estrito da palavra que não é alcançada por nenhuma das subdisciplinas em questão.

Quanto à heterogeneidade dos contextos institucionais da ciência da religião como suposta indicação da falta de integridade da disciplina, deve-se levar em consideração seu baixo capital político-administrativo no âmbito das universidades alemãs. O fato de que apenas 15% das instituições de ensino superior no país possuem programas de ciência da religião – e que eles são geralmente representados por uma ou duas cátedras (Stausberg, 2012, p. 8) – indica a desvantagem da disciplina em momentos em que comitês internos da universidade tomem decisões sobre a composição das faculdades e departamentos de acordo com os recursos materiais fornecidos para as universidades[4].

A localização institucional da ciência da religião resultante de razões econômico-logísticas não delimita a liberdade intelectual dos integrantes da nossa disciplina nem atinge sua integridade epistemológica. Isso é mais óbvio em universidades em que a ciência da religião foi incorporada em faculdades como as de Ciências Culturais (Universidade de Bayreuth), de Ciências Históricas e Culturais (Universidade de Berlim), de História, Arte e Ciências Regionais (Universidade de Leipzig), de Filosofia (Universidade de Potsdam) ou de Ciências Sociais e Filosofia (Universidade de Marburgo). Em todos esses contextos, os programas de ciência da religião mantiveram sua autonomia independentemente da funcionalidade dos seus resultados para ambições científicas transdisciplinares

[4] Diante desta situação, o "Wissenschaftsrat" (Conselho Nacional da Ciência), órgão independente que assessora o governo federal e os governos dos estados federais, exigiu, em 2010, em suas "recomendações para o desenvolvimento das teologias e ciências ligadas às religiões nas universidades alemãs", a criação de institutos independentes de ciência da religião com ao menos quatro cátedras (Cf. Wissenschaftsrat, 2010).

compartilhadas pelas áreas reunidas na mesma faculdade. Isso vale também para a grande maioria dos casos em que a ciência da religião faz parte de uma faculdade ou de um departamento de teologia. O Instituto da Ciência da Religião da Universidade de Münster, por exemplo, salienta que a localização na Faculdade da Teologia Católica não diminui o seu *status* como disciplina própria e sua orientação epistemológica e metodológica nas Ciências Sociais, Ciências Culturais e História (Institut für Religionswissenschaft, s.d.). Do ponto de vista administrativo, a Ciência da Religião na Universidade de Frankfurt am Main é um programa transversal composto por um corpo docente associado a três áreas, isto é, a Teologia Evangélica, a Teologia Católica e os Estudos Islâmicos. Para evitar a imagem de uma disciplina sem perfil próprio, o programa se apresenta como uma "ciência social e cultural" e salienta sua abordagem independente de qualquer confissão religiosa (Goethe-Universität Frankfurt/M., s.d.). Na Universidade de Jena, a Ciência da Religião foi incorporada à Faculdade de Teologia. O ambiente administrativo não tem impacto nenhum sobre as pesquisas e o ensino do programa. Em vez disso, dedica-se a um estudo das religiões mundiais a partir de um olhar externo na religião, de uma postura do agnosticismo metodológico e dos princípios da ciência empírica da cultura (Schmitz; Purfürst, s.d.). Na Universidade de Hamburgo, a Ciência da Religião se localiza em um instituto que também abrange a Missiologia e os Estudos Ecumênicos. Antecipando dúvidas sobre seu *status* acadêmico, os integrantes da disciplina lançaram uma declaração que nega interesse de apropriação da ciência da religião por parte da teologia e afirma seu auto-entendimento como uma ciência cultural (Institut für Missions- Ökumene- und Religion-Swissenschaft, 2005).

Na Universidade de Erlangen-Nürnberg, a Ciência da Religião faz parte do Instituto de Teologia Sistemática. Os representantes do programa salientam que eles não desenvolvem uma perspectiva denominacional ou religiosa. Em vez disso, levam a sério a independência das suas pesquisas e afirmam que a filiação administrativa ao Departamento de Teologia Institucional não contamina sua autonomiaepistemológica (Missions- und Religionswissenschaften, s.d.).

A independência da ciência da religião também é confirmada nos casos em que ela participa de mais que um departamento ou faculdade. Na Universidade de Munique, por exemplo, a Ciência da Religião possui uma cátedra na Faculdade de Filosofia, Teoria de Ciência e Ciência da Religião e outra na Faculdade de Teologia Evangélica. Para evitar confusões sobre o *status* da nossa disciplina neste segundo contexto, o programa enfatiza seu compromisso com uma abordagem não teológica, bem como com os métodos e as teorias convencionais na ciência da cultura (Religionswissenschaft und Religionsgeschichte, s.d.). A ciência da religião é também representada por duas cátedras na Universidade de Tübingen. Além da seção de Ciência da Religião nas Faculdades de Filosofia, Ciência da Religião e de Estudos Judaicos, a disciplina tem um lugar institucional na Faculdade de Teologia Evangélica. Ressalta seu interesse na investigação histórico-filológica, empírica e sistemática da religião, em geral e das religiões singulares, em particular. Esse campo fica mais estrito no âmbito da Faculdade de Teologia Evangélica, em que se concentra, sobretudo, na história das religiões monoteístas (Allgemeine Informationen zur Religionswissenschaft, s.d.).

Em comparação com as constelações acima esboçadas, há duas exceções à regra. A primeira se refere à assim chamada "disciplina dupla" na Universidade de Halle, composta pela ciência da religião e pela teologia. Embora as(os) cientistas da religião dessa instituição assegurem que o caráter descritivo da disciplina e sua orientação nas ciências culturais sejam mantidos, fica claro que suas atividades acadêmicas são impulsionadas por um interesse de conhecimento constitutivo da teologia – portanto, têm uma função auxiliar para fins teológicos (Cyranka, 2020).

Mais preocupante ainda é a situação na Faculdade Teológica da Universidade de Würzburg, que possui uma cátedra de Teologia Fundamental e Ciência da Religião. Essa falta de discriminação institucional repercute na produção acadêmica desse programa, cujos cursos, projetos e publicações revelam esforços teológicas em detrimento de aspirações acadêmicas constitutivas da ciência da religião (Lehrstuhl für Fundamentaltheologie und Vergleichende Religionswissenschaft, s.d.).

Sob essas condições, a ciência da religião não age mais como uma disciplina própria, mas presta um mero serviço auxiliar para reflexões teológicas (Feldtkeller, 2000).[5]

As confirmações da autonomia da ciência da religião acima sintetizadas são componentes de um procedimento argumentativo caracterizado por Shumway e Messer-Davidow (Shumway; Messer-Davidow, 1991) como *boundary-work*. Essa estratégia retórica, comum no mundo acadêmico em que representantes de diferentes disciplinas buscam demarcar suas áreas diante de outras, sobrepõe-se tanto à dimensão sociológica do conceito do paradigma de Thomas S. Kuhn (Kuhn,

---

[5] A Associação Alemã da Ciência da Religião (DVRW) fornece em sua *homepage* um levantamento constantemente atualizado da institucionalização da disciplina e suas condições do estudo de assuntos afins nas universidades alemãs bem como nas universidades de outros países de língua alemã (Deutsche Vereinigung für Religionswissenschaft, s.d.).

2000) quanto a implicações da ideia da tradição da *segunda ordem* (Capps, 1995).

Algumas(ns) cientistas da religião alemã(e)s (Freiberger, 2013; Freiberger, 2019; Führding, 2014) têm prestado atenção a esse processo de criação de fronteiras e destacam sua importância para a identificação da disciplina como um empreendimento intelectual específico. O que conta, nesse contexto, é o poder da definição de integrantes de uma área de conhecimento sobre os critérios da constituição da própria disciplina. Esses padrões são socialmente construídos e representam normas em prol do autocontrole das atividades realizadas em nome da sociedade científica em questão. Em outras palavras, trata-se de "convenções significativas relativamente homogêneas" resultantes de um processo de negociação sobre a funcionalidade e a legitimidade de um repertório acadêmico entre membros comprometidos com a mesma disciplina (Führding, 2014, p. 58). Os princípios e regras assim constituídos são aplicados em diferentes momentos e níveis, por exemplo, por meio de comissões acadêmicas que decidem qual *paper* submetido a um congresso ou um periódico será aceito. Isso vale também para avaliadores de agências de fomento diante de projetos na busca de um financiamento e a decisão de um colegiado sobre a candidatura bem-sucedida de novos postulantes ao ingresso em um curso de graduação ou um programa de pós-graduação com a expectativa de que o currículo estabelecido de acordo com os padrões da área definidos como obrigatórios contribua para a socialização científica da(o) nova(o) aluna(o) e a aquisição da identidade disciplinar desejada.

Conforme Freiberger (2013), na ciência da religião alemã a construção de fronteiras por um discurso coletivo interno torna-se particularmente visível em momentos de dicotomização entre a própria disciplina e a teologia. E, de fato, esse é um dos temas mais frequentemente abordados por assinantes do fórum digital *Yggdrasill*, ativo há décadas e criado por uma equipe da Universidade de Marburgo em função do intercâmbio entre cientistas da religião da língua alemã (Yggdrasill - Religionswissenschaft, s.d.).

A demarcação da ciência da religião diante da teologia

A ênfase no *status* próprio da ciência da religião em casos de uma proximidade institucional com a teologia já indica o papel desta última para a construção de alteridade por parte da nossa disciplina. De fato, é um aspecto essencial da autocompreensão da ciência da religião "que ela não quer ser teologia" (Tworuschka, 2001, p. 123). A delimitação entre as duas áreas de acordo com o lema "não ser teologia é uma das determinações básicas da ciência da religião" (Dierken, 2010, p. 13) é um assunto recorrente nas publicações afins (Stausberg, 2012, p. 10, 13).

Essa discussão tem se desenvolvido ao redor de três eixos temáticos. O primeiro tem a ver com o objeto do estudo. Conforme autores como Greschat (1988), o teólogo manifesta uma forte tendência de investigar a tradição espiritual a qual pertence. Outras crenças podem surgir no horizonte do interesse na medida em que estão, de uma ou outra maneira, interrelacionadas com a história, os dogmas e as práticas da religião do teólogo, bem como das suas experiências pessoais em contexto confessional múltiplo típico da sociedade moderna (Tworuschka, 2001). Sob essas condições, o conhecimento sobre as outras representa um saber auxiliar em prol do estudo da própria religião no topo da hierarquia de relevância.

A ciência da religião, por sua vez, não aborda a esfera teológica da fé e não se ocupa da veracidade de uma religião, mas se concentra nas diversas manifestações históricas da crença de uma religião (Rudolph, 1992, p. 65). Norteada por uma perspectiva histórica global e comparativa (Führding, 2014, p. 62), nossa disciplina enfrenta um campo de pesquisa constituído pela história e pelo presente do mundo religioso na sua totalidade, em sentido temporal e espacial. O saber acadêmico sobre esse vasto universo é o objetivo imediato da(o) cientista da religião, que contribui com a especialização adquirida no decorrer de sua formação e o respectivo foco em determinados segmentos dessa extensa matéria para o acúmulo do saber coletivo da sua comunidade científica.

O segundo eixo discriminatório entre a teologia e a ciência da religião reside nas incompatibilidades das duas disciplinas em suas abordagens do objeto. Formulando em termos simples, pode-se dizer que a primeira adota uma perspectiva interna da religião, enquanto a segunda opta por uma perspectiva externa (Stolz, 1988a). É sintomática para a perspectiva interna a fala de Joachim Wanke, ex-bispo católico de Erfurt, para quem a teologia pressupõe a "perspectiva do participante" que é intimamente relacionada à "reivindicação da verdade" da religião cristã (Wanke, 2008). O teólogo, portanto, quando realiza seu projeto de pesquisa, mantém sua própria fé e atua nesta base como especialista religioso. Nas palavras de Max Weber (um dos fundadores da sociologia da religião) formuladas em sua famosa palestra do início do século XX: "Toda a teologia é a racionalização intelectual do conteúdo salvífico da religião" (Weber, 1994, p. 21).

A(o) cientista da religião, por outro lado, que, como acadêmica(o), não é vinculada(o) a nenhuma cosmovisão ou posição religiosa (Rudolph, 1992, p. 91), age como um "especialista em religião" e se esforça para gerar uma maior distância possível em relação a seu campo de pesquisa. Isso não significa que se liberte por completo de suas determinações culturais (ou religiosas), mas a distância necessária exige disponibilidade para refletir sobre sua bagagem cultural com o objetivo de diminuir, na medida do possível, o impacto heurístico das suas precondições intelectuais sobre o processo de investigação. Esse princípio é reforçado por Flasche, quando ele diz que um(a) cientista da religião não é um *insider*, mas, sempre, um observador que não faz parte da dinâmica religiosa estudada, acompanhando-o de fora (Flasche, 2008, p. 59) e controlando seus próprios "pressupostos religiosos" e ambições espirituais no sentido de afirmações prescritivas ou normativas referente ao seu objeto (Flasche, 2008, p. 30). De forma semelhante, Freiberger insiste na neutralidade valorativa e na postura não êmica da(o) pesquisador(a) (Freiberger, 2000, pp. 118-119), enquanto Tworuschka confirma que afirmações da ciência da religião não representam orientações pragmáticas de vida (Tworuschka, 2001).

Quanto ao terceiro aspecto da demarcação da ciência da religião diante da teologia, vale o argumento de que nossa disciplina deve se proteger diante de interferências de instâncias extra-acadêmicas. Isso não pode ser afirmado tão categoricamente em relação à Teologia e seu compromisso com uma determinada comunidade religiosa. Salientando essa diferença, Greschat postula que cientistas da religião não prestam um serviço institucional, como os teólogos. "Não são comandados por nenhum bispo, nem obrigados a dar satisfação a nenhuma instância superior." São, enfim, autônomos quanto ao seu trabalho (Greschat, 1988, p. 219). Para Greschat, esta autonomia em termos político-acadêmicos corresponde a uma originalidade epistemológica de acordo com a disposição da(o) cientista da religião de autodefinir suas tarefas específicas e responder a perguntas não levantadas por nenhuma outra disciplina (Greschat, 1985, p. 520).

Desde que essa diferença fundamental entre teologia e estudos religiosos seja mutuamente reconhecida, a cooperação entre as duas disciplinas nas esferas de pesquisa e ensino pode ser bastante frutífera. Essa colaboração é praticada em muitos locais, por exemplo na Universidade de Münster, onde existe desde 2007 uma agregação de disciplinas em prol de pesquisa multidisciplinar da religião no decorrer da história, da Antiguidade ao presente. O *cluster* abrange vinte disciplinas das áreas de ciências humanas e sociais - entre outras, história, sociologia, ciências políticas e do direito, arqueologia, etnologia, teologias evangélica, católica e islâmica, bem como a ciência da religião (Religion Und Politik - Exzellenzcluster an der WWU Münster, s.d.).

A posição da ciência da religião contemporânea diante da fenomenologia da religião

A indiferença valorativa diante do vasto material encontrado no campo de pesquisa, bem como o compromisso com uma perspectiva externa da religião, representam aspectos chave não apenas para a demarcação da ciência da religião diante da teologia. Os mesmos princípios desempenham também um papel crucial para a discriminação entre a ciência da religião atual e a fenomenologia da religião na tradição de Rudolf Otto, predominante na Alemanha na primeira metade do século XX. A razão principal da polêmica ao redor dessa abordagem tem sido o conceito de sagrado postulado como fenômeno *sui generis* no cerne das religiões. O entendimento e a descrição dessa suposta unicidade universal, bem como da experiência humana do sagrado possibilitada por um sexto sentido (*sensus numinis*), foram considerados as tarefas principais da fenomenologia da religião. A ampla e intensa crítica ao "paradigma antigo" pode ser resumida em termos de três divergências em relação à ciência da religião recente, a saber: primeiro, o caráter criptoteológico da fenomenologia da religião; segundo, sua omissão da multidimensionalidade, diversidade e historicidade da religião; e terceiro, sua defesa de pré-requisitos irracionais para o estudo da religião.

A classificação da fenomenologia da religião como criptoteologia tem a ver com a ontologização do substantivo sagrado. Essa reificação implica a afirmação a priori da realidade do absoluto contemplado pelas religiões. Nesse sentido, a frase "o sagrado existe" é sinônima do axioma teológico "Deus existe". Assim como a teologia trata o cristianismo como uma reação imprescindível ao ser divino inegável, a fenomenologia da religião viu o mundo religioso como um espectro de respostas naturais da humanidade ao sagrado. É esse axioma que faz com que a abordagem proposta pela geração de Rudolf Otto seja uma "ciência de fé" (Flasche, 2008, p. 127), inaceitável para uma ciência da religião que se esforça para se liberar de pressupostos sobre a verdade de narrativas religiosas. Essa posição, hoje consensual entre a grande maioria de cientistas da religião na Alemanha, é fruto de uma progressiva "erosão da abertura para a transcendência" entre os representantes da nossa disciplina na segunda metade do século XX (Tworuschka, 2015, p. 141).

O segundo aspecto problemático, isto é, o não tratamento da riqueza fenomênica e da dinâmica do mundo religioso, pode ser visto como efeito colateral do foco da fenomenologia da religião no sagrado. Para Kippenberg e Stuckrad (2003, p. 13), o interesse reducionista no verdadeiro e substancialmente imutável núcleo da religião contribuiu para a transformação conceitual do nosso objeto pluridimensional e dinâmico em um artefato atemporal e em uma província autônoma da experiência humana. Esse foco e seu tratamento unilateral estão em tensão com o interesse da ciência da religião contemporânea nas várias dimensões da religião, na inter-relação entre elas e em sua variabilidade geográfica e histórica.

A respeito do terceiro aspecto, isto é, a irracionalidade metodológica da fenomenologia da religião, vale referir os contra-argumentos de Flasche que direciona suas objeções à posição de Joachim Wach (1898-1955), sintomática para a então geração de cientistas da religião. Wach e outros fenomenólogos tomaram como garantida a capacidade humana de acessar o sagrado por meio de uma experiência subjetiva promovida por um canal sensorial específico. A sensação do sagrado, porém, variaria "de acordo com a força, vivacidade e formação do 'sentido religioso'". Para dar conta de seu objeto, a(o) cientista da religião deve ser equipada(o) "com um belo órgão para experienciar coisas religiosas". Esse tato seria, até mesmo, "uma exigência absoluta de nosso trabalho". Devido a essa faculdade, a(o) pesquisador(a) sentir-se-ia intuitivamente atraída(o) por religiões com as quais teria a maior afinidade e que compreenderia com mais facilidade. Para Flasche, o postulado do *sensus numinis* como pré-requisito indispensável ao estudo da religião põe em xeque todo empirismo da nossa disciplina. Em vez de se orientar em realidades fatuais, Wach e seus colegas, impulsionados por uma atitude "hiper-irracional internalizada", operavam em um "nível de abstração" em detrimento da "concretude das religiões" (Flasche, 2008, pp. 125-126).

Uma variante mais recente da crítica à fenomenologia da religião reside nas tentativas de resgatar, de acordo com os princípios de uma ciência empírica de cultura, a preocupação dos fenomenólogos com a "tipologização" sistemática de fenômenos da religião. Essa ambição é indicada pelo lema "da fenomenologia da religião à estética da religião" (Mohn, 2004) e foi incialmente esboçada no artigo "Religionsästhetik", de autoria de Hubert Cancik e Hubert Mohr no *Handbuch Religionswissenschaftlicher Grundbegriffe* (Cancik; Mohr, 1988). Desde então, foi lançada uma série de publicações cada vez mais detalhadas dedicadas ao tema (Grieser; Johnston, 2017; Johannsen; Kirsch; Kreinath, 2020; Koch; Wilkens, 2020; Mohn, 2012; Traut, 2015).

O caráter empírico da ciência da religião

A rejeição do postulado de que a religião possui um *status sui generis* corresponde a autorreconhecimento da nossa disciplina como um empreendimento intelectual que se ocupa de levantamento, descrição e análise de fatos constitutivos do mundo religioso. Em outras palavras:

> a ciência da religião é entendida como uma ciência empírica – ou seja, como uma ciência baseada na observação e descrição de religiões, atores religiosos ou fatos religiosos (Stausberg, 2012, p. 1).

Os objetos da nossa disciplina, portanto, são exclusivamente localizados no aquém (Flasche, 2008, p. 142), o que garante que os resultados da pesquisa são "verificáveis por métodos científicos válidos" (Rudolph, 1992, p. 32). Isso coloca os fenômenos sensíveis da religião (inclusive os depoimentos religiosos dos seguidores da religião investigada) no topo da hierarquia da relevância de pesquisas, diferentemente do que ocorria na fenomenologia da religião, que desvalorizou os aspectos religiosos manifestados como expressões secundárias em relação ao sagrado (Hutter, 2012, p. 178). Evitando um "deslizamento para o irracional" (Rudolph, 1992, p. 32), a(o) cientista da religião responde de maneira mais objetiva possível a perguntas como as seguintes: o que é religião? Por que ela existe? Por que ela é universal? Como se pode explicar a dinâmica social e política da religião? (Seiwert, 2014, pp. 16-17). Que função a religião assume e quais são seus efeitos? O que faz com que seres humanos sejam religiosos? Quais tipos de religião existem? (Stausberg, 2012, p. 10)

A discussão sobre o caráter empírico da ciência da religião pode ser resumida em cinco pontos.

Primeiro: a religião não pode ser concebida como uma consequência natural da existência do sagrado. Em vez disso, é vista como um fenômeno estritamente humano (Waardenburg, 1986, p. 18). Neste sentido, a ciência da religião é uma "ciência antropológica" que se interessa pelas formas em que indivíduos e grupos vivenciam, testemunham, manifestam e organizam suas crenças (Flasche, 2008, p. 24). É isso que Pye quer dizer quando escreve:

> A religião não existe por si só, mas, sim, na consciência e na vida dos seres humanos. Assim, o estudo das religiões pode, em parte, ser entendido como sendo uma espécie de antropologia (Pye, 2013, p. 86).

Segundo: as religiões representam interpretações de supostas realidades. Isso significa que as doutrinas religiosas não reproduzem facticidades, mas devem ser consideradas como elementos de cosmovisões construídas. O estudo das religiões, portanto, nos informa sobre como as diferentes comunidades religiosas veem o mundo e quais interpretações as guiam em suas ações.

Terceiro: as cosmovisões postuladas por comunidades de crentes têm um caráter religioso porque apontam para uma camada existencial além da realidade ordinária, cotidiana ou empírica. Sob essas condições, uma das operacionalizações possíveis da religião é a seguinte: a religião diferencia imanência (isto é, a esfera "disponível" para os seres humanos) de "transcendência" (entendida como "citação" de crentes, mas não no sentido "substancial", o que foi o caso da fenomenologia da religião do início do século XX). Em outras palavras: por afirmar um "além", a religião faz com que o aquém seja compreensível. Mais do que isso: a função específica da religião reside na sua disponibilização de acessos (no aquém) à transcendência (ao além), por meio de ritos, orações, danças, oferendas, regras alimentares, arte, música etc. A ciência da religião se limita ao estudo desses meios empiricamente observáveis, ou seja, ela observa as funções das intermediações oferecidas pelas religiões (Pollack, 2009, p. 65ss.).

Quarto: cada cosmovisão representa uma unicidade integral. Isso implica que a visão de mundo propagada por uma religião tem um caráter sistêmico. Os elementos singulares desse sistema não existem em isolamento, mas ganham seus significados específicos por sua interrelação com outros elementos por uma plausibilidade subjacente. Em outras palavras:

> [...] todas a manifestações religiosas que compõem a totalidade de uma religião são de certa forma interligadas, ou seja,

> os fenômenos singulares convergem para uma junção holística, isto é, um sistema. [...] As relações entre os fenômenos singulares formam uma espécie de grade estrutural (Flasche, 2008, p. 153).

Quinto: de acordo com a virada cultural no âmbito da nossa disciplina, a religião é concebida como uma entidade específica de um sistema cultural abrangente, cuja estrutura mental repercute nas suas diferentes partes e faz com que a religião deva ser estudada nos termos de uma ciência nos moldes de uma ciência cultural (Hutter, 2012; Kippenberg; Stuckrad, 2003). Segundo Tworuschka:

> Para a maioria dos cientistas da religião, ela não é mais "uma província própria na esfera das emoções" (*Schleiermacher*), ou seja, não mais uma área especial, mas sim uma subárea da cultura como o direito, a moralidade, a economia, a ciência e a tecnologia (Tworuschka, 2015, p. 141).

Princípios metodológicos-chave da ciência da religião

A insistência no caráter empírico da nossa disciplina como componente crucial do *boundary-work* de cientistas contemporâneos da religião tem diversas consequências metodológicas, que resumimos a seguir.

Para dar conta do ideal de um estudo da religião isento de qualquer confissão religiosa por parte do(a) pesquisador(a) (Bochinger, 2004, p. 181), a(o) cientista da religião assume uma postura conhecida como "agnosticismo metódico", "agnosticismo metodológico" ou "neutralismo metodológico"

(Rudolph, 1992, p. 91). Esse princípio não impede o investigador de ter laços religiosos pessoais, mas exige um controle mental que o(a) protege de se posicionar ideologicamente diante das afirmações religiosas dos sujeitos pesquisados. Isso implica a rejeição de uma classificação dos objetos em uma escala de graus de "autenticidade" em relação a uma suposta "verdade religiosa" (Moenikes, 1997, p. 196). Nesse sentido, ele "nem busca uma interpretação 'verdadeira' ou 'correta', nem tenta julgar os diferentes significados como mais ou menos próximos do significado original" das mensagens religiosas investigadas (Berner, 2020, p. 306) da(o) pesquisador(a).

Sob essas condições, a(o) cientista da religião trata as afirmações religiosas encontradas no seu campo de pesquisa como expressões de convicções compartilhadas por membros de uma comunidade de crentes. A ciência da religião busca uma compreensão mais profunda e abrangente possível da lógica implícita do mundo em que os representantes da respectiva fé vivem. A ciência da religião, porém, não se contenta com a mera reconstrução do universo simbólico do ponto de vista de uma tradição. Se ela parasse nesse estágio, sua função seria reduzida a um desdobramento de narrativas religiosas de primeira mão religiosa (Pye, 2013, pp. 91-93). Em vez disso, baseado nas representações de sujeitos religioso, nosso trabalho avança para um segundo momento e submete o material primário a uma análise norteada por conceitos e procedimentos acadêmicos que estão em tensão com as interpretações religiosas dos nossos informantes êmicos (Pike, 1967).

Em ambas as fases – de levantamento de informações fornecidas pelas comunidades religiosas e de análise dos dados empíricos assim adquiridos –, a(o) cientista da religião tem que refletir sobre suas próprias precondições culturais, seja como integrante de uma determinada cultura, seja como representante de uma maneira científica específica de organizar, interpretar e de apresentar seu material. Trata-se de um controle do impacto dos padrões mentais adquirido pela(o) pesquisador(a) no decorrer da sua socialização e, mais tarde, da sua formação acadêmica, na qual a(o) cientista desenvolveu certas tendências de enxergar o mundo de uma determinada maneira.

Isso implica que a(o) pesquisador(a) tem que se dar conta da sua estrutura mental (solidificada frequentemente pelo pensamento ocidental-cristão) e das respectivas dificuldades de "penetrar outras estruturas de pensamento geradas na medida em que elas se tornam acessíveis para nós", o que faz com que nossa disciplina seja apenas capaz de produzir um "entendimento aproximado" do mundo religioso (Flasche, 2008, p. 24).

Para se dar conta das circunstâncias sob as quais opera intelectualmente, a(o) própria(o) pesquisador(a) tem que se submeter a uma autocrítica no que diz respeito não apenas às suas inclinações religiões no sentido de preferências e antipatias pessoais (Flasche, 2008, p. 31, 59, 127-128), mas também aos interesses e às ideologias implícitas na metalinguagem e nos conceitos habituais entre os membros da sua comunidade acadêmica (Waardenburg, 1986). Um exemplo dessa disposição frequentemente citado na literatura especializada é a falta de reflexão sobre a origem ocidental do termo "religião" e o risco do etnocentrismo do seu uso indiferenciado. Algo semelhante vale para situações em que categorias como a alma servem para a descrição de fenômenos observados em contextos em que a expressão e suas denotações não têm correspondências semânticas imediatas (Stolz, 1988a, p. 40).

A busca pelo distanciamento entre as posições de um(a) cientista da religião e as realidades construídas pelos sujeitos da sua pesquisa inclui também a exigência de uma indiferença normativa diante das características de uma religião investigada. Não cabe ao(à) pesquisador(a) tomar partido por uma determinada crença, prática espiritual ou quaisquer outras manifestações do mundo religioso. Em vez disso, tem que se abster de uma ponderação normativa do seu objeto (Figl, 2003, p. 25). Não é tarefa da ciência da religião avaliar ética ou politicamente a história de uma religião e os resultados desta dinâmica, ou, mesmo, prescrever como deveria ser ou em que direção teria que evoluir (Flasche, 2008, p. 108, 150).

A complementaridade do trabalho histórico-empírico e sistemático

Desde a publicação da obra de Joachim Wach, *Religionswissenschaft. Prolegomena zu Ihrer Wissenschaftstheoretischen Grundlegung*, em 1924, é consensual entre integrantes da nossa disciplina que a ciência da religião abrange duas correntes, isto é, um ramo histórico e um ramo sistemático. Ambos se complementam e apenas em conjunto constituem a originalidade da nossa disciplina.

A pesquisa histórica que enfoca religiões singulares, observa e descreve suas características específicas e a significância de respectivos esforços para nossa disciplina, tem crescido desde a superação da tendência teológica da fenomenologia da religião e seu o postulado de uma unidade das religiões, que empurrou o estudo de tradições religiosas particulares para o segundo plano (Berner, 2020, p. 17). Assumindo o papel de um historiador, a(o) cientista da religião se dedica à investigação longitudinal da religião de sua especialidade. Ela(e) reconstrói aspectos e circunstâncias da origem do seu objeto, suas manifestações iniciais, o desenvolvimento do seu repertório organizacional, doutrinário e prático em diálogo com os contextos socioculturais em que se estabelece. Além disso, interessa-se pelo surgimento de ramificações da tradição religiosa no decorrer do tempo e investiga as diferenças entre elas, bem como sua relação e outros sistemas religiosos encontrados em diferentes momentos da sua evolução (Flasche, 2008, p. 102).

A história das religiões, por sua vez, é a base indispensável para a pesquisa seguinte (Lanczkowski, 1991, p. 39), norteada por uma perspectiva transversal. Trata-se de esforços de ordenar o vasto estoque de dados sobre religiões particulares (Rupp, 1978). Essa tentativa visa superar a fragmentação do nosso conhecimento sobre as diferentes religiões particulares (Antes, 1986, p. 214), descobrir estruturas compartilhadas no vasto mundo religioso e identificar convergências e divergências, pelo menos por determinados conjuntos de religiões concretas.

A constituição multidisciplinar da ciência da religião

A crítica da ciência da religião contemporânea às especulações da fenomenologia da religião sobre o sagrado como suposto constituinte dominante do mundo religioso correspondeu ao crescimento da consciência sobre a fato de que nosso objeto se apresenta ao(à) pesquisador(a) como uma entidade composta por diferentes dimensões. Depois de uma omissão sistemática da verdadeira riqueza empírica do nosso objeto, é hoje consensual entre cientistas da religião contemporâneos que as religiões se manifestam em um espectro abrangente de elementos, por exemplo, no sentido de diferentes "níveis de representação da mensagem religiosa" que incluem - além de textos e expressões orais - aspectos não verbais como a linguagem corporal, artefatos, imagens, construções arquitetônicas etc. (Stolz, 1988b). No mesmo contexto, localiza-se a chamada virada material no âmbito dos estudos da religião (Fritz; Höpflinger; Knauß; Mäder et al., 2018), inclusive a estética da religião recente já mencionada acima.

A relevância empírica dessa pluridimensionalidade repercute no âmbito da nossa disciplina em técnicas e instrumentos de pesquisa oriundos de disciplinas referenciais tradicionais, como a filologia e a sociologia da religião (Krech, 2006, p. 107). Stausberg confirma a utilização de uma variedade de fontes e métodos por parte da ciência da religião, chamando atenção para a funcionalidade "de estudos filológicos de escrituras religiosas, de resultados historiográficos de fontes escritas ou não, da análise de imagens e outros materiais visuais, da pesquisa científica-social de eventos, grupos e discursos religiosos contemporâneos etc." (Stausberg, 2012, p. 1).

Há indicações de que a exploração de práticas de investigação oriundas de outras ciências humanas interessadas em determinadas facetas da religião é uma tendência crescente. Segundo Tworuschka:

> [...] a ciência da religião que tem se desenvolvido desde os anos 1970 é caracterizada pelo fato de que seus representantes têm absorvido mais intensivamente do que seus antecessores as tendências e orientações inovadoras nas áreas vizinhas (Tworuschka, 2015, p. 141).

Porém, para que uma incorporação de empréstimos oriundos de outras áreas no próprio repertório subdisciplinar não enfraqueça a integridade da ciência da religião, alguns autores lembram da capacidade integrativa da nossa disciplina. Flasche, por exemplo, destaca que os métodos não são incorporados de maneira isolada, mas sim no sentido de abordagens "interdependentes" (Flasche, 2008, p. 106). Semelhantemente, Stolz afirma que o termo "ciência da religião" aponta para um empreendimento que combina e processa as abordagens daquelas ciências que se ocupam da religião. Nesse sentido, nossa disciplina é uma ciência interdisciplinar que possibilita que cada uma das abordagens específicas contribua, à sua maneira, para a pesquisa "holística" da religião – o que evita possíveis unilateralidades da reconstrução e análise do nosso objeto (Stolz, 1988b, p. 8).

Comentários finais

Em comparação com os constituintes da tradição da *segunda ordem* deduzida de publicações lançadas no fim do século XIX e início do século XX (Usarski, 2018b), as afirmações de cientistas da religião de língua alemã esboçados nesse artigo demonstram preocupações e convicções semelhantes. Em ambos os contextos, os autores citados afirmaram seu consentimento em relação a elementos-chave da nossa disciplina, tais como seu caráter empírico-histórico, a pretensão da não normatividade da(o) pesquisador(a), a complementariedade dos ramos histórico e sistemático e o repertório multidisciplinar da ciência da religião. Por outro lado, o levantamento de argumentos encontrados na literatura alemã demonstra a centralidade no debate da demarcação diante da teologia, já presente na fase anterior, porém não formulada com a mesma intensidade e densidade.

Isso indica que os conteúdos de um *boundary-work* em prol do fortalecimento da identidade de uma disciplina refletem condições contextuais específicas sob as quais a delimitação da própria disciplina ocorre. Desse ponto de vista, Stausberg chama atenção para o desenvolvimento tardio da nossa disciplina na Alemanha em comparação com a teologia e a falta do conhecimento do público alemão sobre as especificidades e a relevância da ciência da religião. O preconceito de que qualquer assunto relacionado à religião caiba na competência de teólogos representa, para a ciência da religião, uma desvantagem e provoca esforços intensificados com o objetivo de demarcar e de marcar um território próprio, salientando sua utilidade acadêmica e extra-acadêmica.

Ao mesmo tempo (e não apenas na Alemanha), a ciência da religião contemporânea sente-se confrontada com uma outra concorrência que, no futuro, pode ficar ainda mais relevante para a demarcação da nossa disciplina do que o tradicional distanciamento da teologia. Esse desafio tem a ver com a crescente e generalizada atratividade da religião enquanto objeto de pesquisa. Essa frente ampliada inclui disciplinas que antigamente se orientavam na hipótese da secularização, mas, como consequência dos eventos de 11 de setembro de 2001, têm reconhecido a relevância contínua ou, até mesmo, aumentada da religião. Sob essas circunstâncias, o problema da identidade da nossa disciplina se apresenta de maneira alterada e exige respostas novas a questões como: qual é a contribuição da ciência da religião para a discussão sobre o papel contemporâneo da religião em um momento em que – como no já mencionado caso do *cluster* de excelência "religião e política" da Universidade de Münster – outras ciências humanas, sociais e culturais se dedicam intensivamente e de maneira cada vez mais competente a estudos do mesmo campo? O futuro da ciência da nossa disciplina, enquanto disciplina autônoma, dependerá da nossa capacidade de dar respostas adequadas a esse desafio.

O PESQUISADOR COMO BENFEITOR? REFLEXÕES SOBRE OS EQUÍVOCOS DA CIÊNCIA PRÁTICA DA RELIGIÃO E SUA ALTERNATIVA[6]

Considerações preliminares

Nos últimos anos se tem colocado com mais frequência a pergunta se a ciência da religião tradicionalmente concebida como uma disciplina comprometida com a atitude de indiferença em relação a seus objetos de estudo pode assumir funções extra-acadêmicas em prol de solução de determinados problemas práticos. Uma das manifestações da busca para uma resposta é o artigo de Udo Tworuschka *Ciência Prática da Religião: considerações teóricas e metodológicas* (Tworuschka, 2013), publicado no "Compêndio de Ciência da Religião". O texto gerou um bom debate sobre assuntos afins entre cientistas da religião brasileiros e merece reconhecimento por causa disso. O potencial inspirador de um texto, porém, é apenas um dos vários critérios de qualidade

[6] Este ensaio foi originalmente publicado em Stern, Fábio L., *et. al.* (Orgs.): Anais do Seminário de Ciência da Religião Aplicada, Pontifícia Universidade Católica de São Paulo, São Paulo, 2018, 14-27.

de um ensaio. Como avaliar a abordagem de Tworuschka do ponto de vista mais amplo, levando também em conta aspectos como a adequação epistemológica e a coerência lógica do capítulo em questão? A hipótese a ser plausibilizada neste ensaio é de que em relação aos dois últimos parâmetros, a proposta de Tworuschka deixa a desejar e é, até mesmo, disfuncional em termos dos esforços coletivos de manter o perfil próprio da nossa disciplina no Brasil. A releitura crítica do artigo de Tworuschka, neste espírito, é organizada em quatro passos. Em primeiro lugar será oferecido um resumo sucinto da argumentação do texto enfocado. Os dois itens seguintes identificarão os pontos problemáticos da abordagem do colega alemão. Por último, será apresentado um modelo alternativo à proposta de Tworuschka, o que já sinaliza que a discussão crítica da "Ciência Prática da Religião" à la Tworuschka não tem como objetivo questionar os bons motivos de cientistas da religião contemporâneos de fortalecerem o lado "pragmático" da nossa disciplina.

A abordagem de Tworuschka

As pretensões de Tworuschka não são modestas. O autor alemão alude a conceitos kuhnianos (Kuhn, 2000) quando apresenta sua abordagem, no tom de uma chamada para uma virada de paradigma ou, até mesmo, para uma revolução científica em nossa área, que acabaria com a "ciência normal" ou seja, com o então *status* quo da nossa disciplina. Tal ciência da religião convencional é identificada por Tworuschka (2013, p. 586) como uma "visão antiga" a ser superada pela escola alternativa proposta por ele mesmo. Neste sentido, não apenas o termo e o conceito de ciência prática da religião são relativamente novos (Tworuschka, 2013, p. 577), como também a abordagem representa algo inovador. Não se trata, portanto, de um "apêndice nu da supostamente pura ciência da religião" (Tworuschka, 2013, p. 579), mas sim de uma nova disciplina que possui identidade própria e se diferencia, como ramo próprio, dos dois braços clássicos da nossa disciplina, a saber: a história da religião e o estudo sistemático da religião.

Esta pretensão é ambígua. Entre os aspectos válidos para a ciência da religião há décadas, Tworuschka destaca o caráter interdisciplinar e transdisciplinar da nossa área e sua contrapartida material, a pluridimensionalidade do nosso objeto e o fato de que ele é intimamente ligado com outras esferas da vida humana. Ao mesmo tempo, a ciência prática da religião não se contenta com o estudo dos textos produzidos por elites religiosas. Inclui no seu espectro de fontes os relatos dos leigos em prol da investigação das práticas e dos modos de conduzir suas vidas religiosas. Por estas razões, estudantes da religião são estimulados a entrarem em contato direto com as diferentes comunidades religiosas e conviverem com seus membros. Simultaneamente, pesquisadores comprometidos com a ciência prática da religião investigam as imagens públicas destes grupos e suas posições diante da sociedade maior.

Nenhuma destas afirmações representa algo novo. Desde suas primeiras articulações, cientistas da religião estão conscientes de que aquilo que chamam de "religião" corresponde a uma entidade composta de diferentes dimensões cuja investigação depende de conquistas de subdisciplinas como a etnologia e a antropologia, de projetos mais específicos nas áreas da sociologia de conhecimento ou da psicologia social. A superação da fenomenologia clássica da religião e seu interesse nas experiências de virtuosos das chamadas "grandes religiões" na década de 1970 têm aberto nossos olhos para a complexidade do mundo religioso para além da espiritualidade e dos raciocínios das elites religiosas. Mas já bem antes da ascensão do chamado "paradigma interpretativo" (Wilson, 1970) nas ciências humanas e sua ênfase no "mundo vivo" dos sujeitos, havia representantes da nossa disciplina que tinham argumentado a favor de uma sensibilidade do pesquisador da religião para com a realidade religiosa praticada no cotidiano.

O mais citado neste sentido é o conceito de personalização dos estudos da religião, formulado por Wilfred Cantwell Smith (Smith, 1959) em um ensaio em que o autor questiona o foco exclusivo nos deuses, doutrinas e instituições religiosas e exige uma maior atenção na vida religiosa das pessoas comuns. Mais do que isso, Smith quer reservar a sigla "cientista da religião" para aqueles pesquisadores que fazem justiça ao fato que nosso objeto se encontra na vida humana. Vale lembrar que a publicação de Smith é de 1959, ou seja, meio século anterior ao lançamento da coletânea *Praktische Religionswissenschaft* (Klöcker; Tworuschka, 2008), que pode ser considerada a primeira obra maior de Tworuschka em prol da divulgação da sua abordagem.

Algo semelhante vale para a ênfase no caráter interdisciplinar da nossa área diante de seu objeto multifacetado. Já em 1899, 111 anos antes do lançamento da obra de Tworuschka, Cornelis Petrus Tiele (Tiele, 1899, p. 12) salientou que a ciência da religião incorpora os resultados e *insights* de diferentes "disciplinas preparatórias", e em 1918, para citar apenas mais um exemplo, Washburn Hopkins (Hopkins, 1918, p. i) afirmou que disciplinas como a história, a antropologia, a psicologia ou a sociologia teriam consideravelmente contribuído para o estudo da religião. Dessa maneira, a maioria dos traços associados à ciência prática da religião não são exclusivos, mas sim, representam constituintes da ciência da religião independente de uma autodeclaração enquanto disciplina prática ou não.

Em comparação com estes elementos consensuais, já aparecerem no resumo da abordagem de Tworuschka uma série de formulações que indicam uma diferença fundamental entre a ciência prática da religião e a ciência da religião convencional. Para tal, a nomenclatura "ciência prática da religião" é sintomática. Segundo Tworuschka, a expressão alude à transformação e à mudança que consistem no desenvolvimento de normas, modelos e tarefas organizacionais para uma ação em sentido sociopolítico. A "Ciência Prática da Religião" portanto, "faz um esforço para reagir contra problemas urgentes induzidos pelas religiões" (Tworuschka, 2013, p. 582) pacificando, humanizando e restringindo conflitos. Para salientar esta exigência, Tworuschka cita, como exemplos que necessitam de uma intervenção, fenômenos, como o "fanatismo religioso", o "radicalismo", o "fundamentalismo", o "terrorismo" a "escravidão" e a "supressão das mulheres" (Tworuschka, 2013, p. 584). Todos estes tópicos cabem naquilo que Tworuschka, com referência a seu mestre Gustav Mensching, entende como "erros na religião" (Tworuschka, 2013, p. 581).

Para Tworuschka, a crítica às religiões, neste sentido, pode se referir à procura de Johann Gottfried Herder (1744-1803) "por uma porta dos fundos do relativismo cultural" que levou o filósofo alemão a postular que os estudantes da época deveriam não apenas apreciar fenômenos culturais admiráveis e amáveis, mas deveriam também identificar o que neles "é repugnante, hediondo e depreciativo", aprendendo a "odiar e desprezar" tais aspectos indesejáveis (Tworuschka, 2013, p. 584). Baseado nesses princípios, Tworuschka expressa sua esperança de que a "Ciência Prática da Religião" promovesse realidades "melhores" no futuro.

Problematização imediata

Alguns dos problemas implícitos nas afirmações de Tworuschka são imediatamente óbvios e não necessitam de um raciocínio baseado na filosofia e na sociologia da ciência para serem identificados. Já uma primeira leitura do seu texto chama atenção para o fato de que Tworuschka menciona algumas zonas problemáticas dentro e acerca da religião, como o fundamentalismo, mas nem as operacionaliza nem as concretiza mediante exemplos do trabalho de um cientista prático da religião. Em vez disso, provoca perguntas como as seguintes: O que qualifica uma "constelação problemática" relacionada a uma religião? Onde termina a certeza subjetiva de um fiel de que sua religião representa a verdade e deve ser seguida sem concessões e começa aquilo que Tworuschka chama o fundamentalismo? Em que consta a competência de um cientista da religião para identificar zonas de conflito? Como se justifica uma intervenção? O que exatamente significa a afirmação de que um cientista contribui para um "futuro melhor"? Futuro de quem? Quem se beneficia com a intervenção? Independente dessas dúvidas, percebe-se no texto de Tworuschka uma unilateralidade de argumentação favorecendo a perspectiva da sociedade majoritária, negligenciando a possibilidade de que a opressão de uma religião pode ser interpretada como um problema político ou ético, justificando – na lógica do autor – a intervenção de um cientista prático da religião.

Essas são apenas algumas das questões que o texto de Tworuschka provoca à primeira vista. Inúmeros exemplos poderiam ser citados para ilustrar os dilemas pragmáticos e conceituais ignoradas pelo colega alemão. Não há espaço aqui para apresentar o espectro destes problemas, mas pelo menos um exemplo será citado a seguir para comprovar que as preocupações acima mencionadas são realistas e podem afetar nossos esforços acadêmicos.

Em 1991, o professor de Estudos da Religião e da Antropologia da Universidade de Boston, EUA, Frank J. Korom, estava realizando pesquisas de campo em Trinidad onde tinha feito amizades com alguns xiitas, integrantes de um grupo específico dentro da minoria islâmica na ilha. No início do mês *muharram*, época do calendário islâmico particularmente importante para os xiitas e momento de celebrações polêmicas por causa da prática de autoflagelação, os sunitas da ilha articularam publicamente fortes críticas aos costumes dos xiitas. Na busca por uma autoridade disposta a apoiar a causa xiita, os amigos de Korom o procuraram com o pedido de se articular em prol da legitimidade das festividades. Inicialmente hesitante, Korom finalmente cedeu e se pronunciou via rádio e televisão em defesa dos xiitas. Quando voltou à ilha em 1997, Korom foi novamente confrontado com a disputa intra-islâmica. Desta vez, porém, foram os sunitas que buscaram o pesquisador, solicitando uma declaração de acordo com as críticas às festividades xiitas. Devido à importância de uma relação construtiva com as duas facções islâmicas, Korom decidiu se manter em silêncio, reassumindo sua postura de indiferença diante dos objetos da sua pesquisa (Stausberg, 2014).

O caso acima relatado é sintomático para as múltiplas armadilhas que esperam um cientista prático da religião condicionado a abordar pontos nevrálgicos do mundo religioso. As falhas da abordagem de Tworuschka, porém, vão além das dificuldades indicadas até aqui. Este segundo nível de problemas tem a ver com o rompimento de Tworuschka com as normas metateóricas que são válidas para qualquer área acadêmica, inclusive para a ciência da religião. Defende-se aqui a hipótese de que o abandono destes princípios de fundo coloca o patrimônio intelectual da nossa disciplina em cheque, danificando a integridade intelectual da nossa comunidade científica.

Problematização aprofundada

O texto "inicial" sobre a "Ciência Prática da Religião" publicado por Tworuschka em 2008 termina com uma citação de um ensaio de Pierre Bourdieu (Bourdieu, 2002), em que o sociólogo francês se declara a favor de um "conhecimento científico comprometido". Para Tworuschka, as seguintes frases do artigo são decisivas:

> A maioria das pessoas cultas, especialmente na área das ciências sociais, tem uma dicotomia na mente que me parece problemática: isto é, a dicotomia entre erudição e compromisso, ou seja, a diferenciação entre aqueles que se dedicam ao trabalho acadêmico pesquisando com métodos específicos em nome da ciência e outros cientistas, e aqueles que se engajam e levam seu conhecimento para fora. Essa oposição é artificial. Na verdade, nós, cientistas autônomos, temos que trabalhar conforme as regras científicas para gerar e aperfeiçoar um conhecimento engajado. Ou seja, é preciso uma erudição comprometida. Para ser um cientista verdadeiramente e legitimamente engajado, é preciso transformar conhecimento em conhecimento engajado. Porém, adquire-se um conhecimento desse tipo apenas através de um trabalho científico orientado em regras e normas das ciências (Tworuschka, 2008, p. 22).

Tworuschka entende esse trecho como uma confirmação da sua própria abordagem, mas as frases são abertas para uma leitura oposta. Nesta ótica alternativa destaca-se: (a) a exigência de que um cientista trabalha conforme as regras científicas e (b) que o conhecimento assim elaborado necessita de uma "transformação" para que ele se torne um conhecimento engajado. Trata-se de duas operações distintas, tanto em termos de funções heurísticas quanto no que diz respeito a sua sequencialidade. Essa leitura está de acordo com a discriminação de diferentes estágios do processo da produção de conhecimento. As respectivas reflexões foram inauguradas por uma publicação de Hans Reichenbach (1938), em que o autor distingue dois momentos desta trajetória intelectual; a saber: o contexto da descoberta e o contexto da justificação. Mais tarde, outros autores adicionaram uma terceira categoria, isto é, o contexto da utilização (Autorenkollektiv Am Institut für Philosophie der Karl Marx, 1968, p. 22). Cada uma das fases cumpre uma função específica e confronta o pesquisador com uma lógica própria.

O contexto da descoberta refere-se às circunstâncias sob as quais um pesquisador torna-se consciente de um problema posteriormente trabalhado de acordo com as exigências da sua comunidade científica. Não é necessário que o problema seja descoberto por meio de revisão do estado da arte de um campo de pesquisa consensual entre os representantes de uma disciplina. É bem possível, e de fato frequente, que uma determinada constelação sociopolítica observada na esfera pública chame a atenção de um cientista e desperte seu desejo de trazer o respectivo problema para a academia.

Nesse ponto, inicia-se a segunda fase do processo, associada ao contexto de justificação. Ele segue de uma lógica radicalmente diferente das plausibilidades e exigências do cotidiano. Trata-se de uma esfera afastada dos negócios diários, de um ambiente socialmente construído em prol de um conhecimento que supera as opiniões, intenções, crenças e esperanças que nos norteiam como seres humanos comuns e cidadãos. A distância da ciência do cotidiano não é consequência de uma decisão de cientistas singulares pertencentes a uma determinada disciplina, mas sim o resultado de um processo histórico de diferenciação macrossocial durante o qual a ciência se emancipou do controle eclesiástico e político, assumindo o caráter de um subsistema específico. Uma série de normas assegura a integridade deste contexto de justificação. Dentre elas, encontram-se os quatro princípios de Thomas Merton postulados em 1973 (Merton, 1973). Três deles são imediatamente relevantes para a leitura crítica da abordagem de Udo Tworuschka.

O primeiro critério é o princípio de universalismo em oposição ao etnocentrismo. Para diminuir o impacto do último, o pesquisador é chamado para domesticar – na medida possível – sua perspectiva pessoal predefinida. A segunda norma de Merton que interessa aqui é o chamado "altruísmo". Trata-se da ausência de um interesse individual extra-acadêmico por parte dos membros de uma comunidade acadêmica. O que deve contar para a fase dois do processo científico é a fidelidade do pesquisador aos fatos – desejados ou não do ponto de vista cotidiano – e a aprovação da sua obra por seus pares.

O terceiro critério relevante é chamado por Thomas Merton de "ceticismo organizado". O pesquisador é incentivado a manter uma postura autocrítica diante de possíveis falhas do seu trabalho. Isso o protege, bem como a comunidade científica em cujo nome ele opera, de conclusões precoces e definitivas. Em vez disso, ele conta com o desafio contínuo dos *insights*

– sempre provisórios – por novos dados e tendências teóricas alternativas.

De acordo com sua constituição enquanto subsistema, a ciência existe em um isolamento relativo em relação a outras esferas sociais. Grande parte dos seus discursos não são publicamente acessíveis devido ao grau de sua complexidade teórica e sofisticação linguística. O cientista, porém, apropria-se "não apenas de uma linguagem específica, mas também de estruturas mentais, procedimentos de solução de problemas e modalidades de percepção" (Lenz, 2006, p. 11). Em momentos em que um indivíduo assume seu papel como cientista, ele muda sua estrutura de relevância (Schütz, 1971). O pragmatismo do cotidiano, a necessidade de obter uma postura normativa diante de fenômenos que nos acercam em nossa esfera do dia a dia é trocada por uma busca pela expansão e aperfeiçoamento do estoque de conhecimento científico. Essa orientação não é de natureza pragmática, mas puramente intelectual e teórica. Os *insights* obtidos no contexto de justificação são cercados por jargões herméticos. Por isso, circulam, por enquanto dentro da esfera da ciência (Rödder, 2009, p. 26), e constituem o estoque de conhecimento em andamento.

Um conhecimento produzido nesta "torre de marfim", portanto, tem em um primeiro momento valor e funcionalidade para os habitantes desta torre. Todavia, nenhum resultado de operações relacionadas ao contexto de justificação é condenado a ficar encapsulado no mundo acadêmico. A divulgação pública dos conteúdos por fora dos muros da academia marca um outro tipo de atividade intelectual, relacionada ao contexto de utilização. Trata-se de um terceiro momento do processo de produção de saber que depende cronologicamente e substancialmente das duas fases anteriores (gênese de problemas no contexto de descoberta, reformulação e solução do problema conforme a lógica da disciplina no contexto da justificação).

Consequências

A "Ciência Prática da Religião" apresentada por Udo Tworuschka negligencia a diferença entre os diferentes momentos do trabalho acadêmico. Desrespeitando a sequencialidade e as lógicas próprias dos contextos de descoberta, justificação e utilização, o autor alemão compromete a conquista histórica da emancipação da ciência da tutela eclesiástica e política, abrindo mão de dois fundamentos epistemológicos cruciais à ciência da religião: (a) o compromisso com a descrição dos nossos objetos sem interferência das posições extra-acadêmicas do pesquisador e (b) a análise dos dados levantados em uma atitude norteada pelo princípio de indiferença ideológica. Por estas razões, apela-se à comunidade de cientistas da religião que mantenha uma distância crítica à "Ciência Prática da Religião" no sentido acima resumido e problematizado.

O ceticismo contra a abordagem de Tworuschka não significa uma negação do potencial da ciência da religião de contribuir para discussões públicas sobre problemas "reais". Pelo contrário, concorda-se com o autor alemão quando ele chama atenção para a atual importância da religião como fator político, aponta para o reconhecimento do papel decisivo da religião por parte das ciências sociais e considera a ciência da religião relevante para debates públicos afins. Em oposição a Tworuschka, porém, afirma-se que a contribuição da ciência da religião não pode ultrapassar os limites do trabalho acadêmico. Salienta-se em distinção ao autor alemão a obrigação do acadêmico de respeitar as normas válidas para o contexto de justificação. Mais do que isso, defende-se a hipótese de que a ciência da religião cumpre uma função extra-acadêmica exatamente por causa do seu compromisso com a distância de disputas sociopolíticas do cotidiano. Nesse sentido, nossa disciplina tem se mostrado profícua fora dos muros das universidades desde a sua institucionalização na segunda metade do século XIX.

Reflexões sobre esta utilidade inata foram desenvolvidas em duas direções. Primeiro, há contemplações ao redor do impacto inevitável que um estudo sobre uma religião tem sobre os objetos daquela investigação. Uma formulação bem conhecida dessa função é o princípio de "tensão com os fiéis", gerada por resultados científicos em relação ao autoconceito discrepante dos membros da comunidade pesquisada (Pye, 2001). Trata-se de um efeito implícito da execução honesta do nosso repertório heurístico no espírito do chamado "agnosticismo metodológico", que obriga o cientista da religião a analisar fenômenos religiosos em termos não religiosos. Buscar razões para as semelhanças entre a Torá, o Novo Testamento e o Corão na vida de Mohamed enquanto habitante da península arábica, exposto à influência de narrativas judaicas e cristãs, não é um esquema explicativo bem-vindo por seguidores do islã convictos da origem divina do seu livro sagrado.

O confronto entre uma abordagem estritamente sócio-histórica, por um lado, e uma religiosa, por outro, não é algo que a ciência da religião constrói para desmistificar seu objeto de pesquisa. Mas na medida em que muçulmanos se tornam conscientes dos resultados ganhos de acordo com uma perspectiva racional no âmbito da ciência da religião, enfraquece-se a estrutura da plausibilidade (Berger, 2017, pp. 37-38) que tem sustentado a visão do caráter celestial do Corão. Dessa maneira, a ciência da religião – sem ter deliberadamente intencionado tal efeito – relativiza a naturalidade com a qual os mantenedores de uma cosmovisão tradicionalmente espiritual enxergam sua própria tradição, despertando reações por parte do islã em prol da autodefesa e/ou do diálogo construtivo com o pensamento moderno. Do ponto de vista político, as consequências destas reflexões intraislâmicas podem ser consideradas positivas ou negativas. O que conta aqui é o fato de que o caso exemplifica o efeito colateral de um conhecimento científico produzido de acordo com as normas constitutivas para o contexto de justificação.

O segundo raciocínio sobre a utilidade implícita do trabalho acadêmico de um cientista da religião aponta para efeitos opostos. Desta vez, o beneficente dos esforços de estudiosos da religião é a sociedade majoritária, vítima de informações reduzidas, banalizadas ou, até mesmo, distorcidas sobre fenômenos religiosos, distribuídas pelas mídias de comunicação em massa. Um livro escrito por um cientista da religião dedicado à descrição mais abrangente e profunda de uma religião e à contextualização sistemática de elementos considerados problemáticos pelo público comum fornece uma imagem mais adequada do objeto em questão e contribui para o tratamento coletivo mais justo da minoria cuja religião é abordada pela publicação em questão. Neste caso, a ciência da religião cumpre uma função crítica associada na literatura especializada ao princípio da "advocacia involuntária". Uma obra sobre o "jihad" interessada na polissêmica dessa expressão, o desenvolvimento desse conceito no decorrer da história e suas justificativas teológicas, por exemplo, ampliaria o horizonte de um debate público unilateralmente focado no significativo "guerra santa", o que geralmente não está no primeiro plano quando autoridades muçulmanas usam tal palavra árabe.

Como no caso do princípio da "tensão com o fiel", a "advocacia involuntária" (Stausberg, 2014) não é uma consequência planejada de uma decisão política de um agente social incomodado com o "clima" da intolerância da atualidade. É um efeito colateral de um trabalho acadêmico realizado na atitude da indiferença, de acordo com as normas válidas para o contexto da justificação.

Além das duas linhas argumentativas esboçadas acima, há uma terceira corrente de reflexão sobre a relação entre a ciência da religião enquanto disciplina acadêmica e seus possíveis benefícios sociopolíticos. Por trás dessas reflexões está a busca para a transformação do *know how* adquirido em um estudo em nossa área em um "capital profissional" extra-acadêmico. Sugere-se como nomenclatura para as ambições deste tipo o termo ciência da religião aplicada. A noção evita confusões em relação à ciência prática da religião na visão de Udo Tworuschka e leva em consideração que a execução pragmática de um saber acadêmico ocorre em um ambiente qualitativo e sequencialmente distinto do contexto em que tal conhecimento foi produzido.

Diferente das duas primeiras linhas de reflexão sobre a função sociopolítica da nossa disciplina, as demandas no espírito da ciência da religião aplicada representam novos desafios para a reorganização do estudo da matéria. Os atuais currículos dos respectivos programas de pós-graduação, designados para formar pesquisadores, necessitam de uma reforma que transcenda a (em termos do mercado acadêmico irrealista) fixação em carreiras acadêmicas propriamente ditas.

É uma tarefa urgente ampliar o espectro da nossa oferta universitária para atender o número crescente de candidatos que querem se preparar para a atuação profissional em um museu de arte sacra, no segmento da saúde alternativa, ou como guias de viagens capacitados a introduzir turistas ao simbolismo de edifícios religiosos; para citar apenas três de inúmeras áreas carentes de cientistas da religião.

A CIÊNCIA DA RELIGIÃO APLICADA COMO DESAFIO PARA FORMAÇÃO UNIVERSITÁRIA - SUGESTÕES SOBRE A ADEQUAÇÃO CURRICULAR DE ESTUDOS PÓS-GRADUADOS DA ÁREA[7]

Este ensaio dá continuidade a meu *paper* apresentado no SEMCREA do ano passado sobre a diferença entre a "Ciência Prática da Religião" defendida por Udo Tworuschka (Tworuschka, 2013) e a "Ciência da Religião Aplicada" e os motivos para privilegiar a segunda abordagem. O texto anterior (Usarski, 2018a) tem como referencial o ideal de uma disciplina que faz justiça ao princípio da *epoché*, no sentido de um "estilo" mental que busca, na medida do possível, suspender as orientações, posturas e certezas subjetivas que norteiam o cientista no seu cotidiano em favor de uma atitude que permite um distanciamento aos objetos de estudo. Por esta razão epistemológica, a "Ciência Prática da Religião" de Tworuschka, incentivada por uma pragmatização normativa da nossa disciplina que norteia todo o processo de pesquisa, desde a definição de um objeto e seu caráter supostamente

[7] O original deste texto foi publicado em Stern, Fábio L. *et.al.* Anais do Seminário de Ciência da Religião Aplicada, 3. ed. São Paulo: PUC-SP, 2019, pp. 25-34.

problemático até a divulgação dos seus resultados, não pode ser uma opção para uma ciência da religião fiel a suas conquistas obtidas no decorrer da sua história. Este legado intelectual do passado não nega que uma constelação empírica pode chamar a atenção de um cientista da religião por estar em tensão com suas preferências privadas, sejam elas de natureza ética, religiosa ou política. O que deve ser controlado, porém, é o impacto dessas preferências particulares sobre a fase da descrição e análise dos objetos afins no âmbito da ciência. Da forma como foi introduzida por Tworuschka, aquela "Ciência Prática da Religião" negligencia esta exigência de distinção entre diferentes momentos do processo acadêmico e suas lógicas próprias, associadas no *paper* anterior aos contextos de descobrimento, justificação e aplicação. Por esta razão não se apresenta como uma abordagem que pode enriquecer nossa tradição intelectual. Por um lado, reconhecendo a preocupação de Tworuschka com a relevância sociopolítica da nossa disciplina, e por outro evitando as armadilhas epistemológicas implícitas em uma abordagem que ignora a exigência de uma "disciplina mental" do cientista da religião na fase de sua pesquisa, apresento aqui uma alternativa à ciência da religião aplicada. Ela entra em ação após e em complementação da fase de produção do conhecimento acadêmico (contexto de justificação), oferecendo ao público geral um saber produzido no contexto da Academia. Na medida em que este saber é considerado pragmaticamente útil por instâncias da sociedade, ele pode servir como recurso adicional em prol da busca para soluções de situações definidas como sociopoliticamente deficitárias. A expansão da funcionalidade da produção acadêmica no âmbito da ciência da religião para além do mundo universitário, porém, não se realiza por um mero discurso que salienta o potencial pragmático dos resultados das nossas pesquisas. Conforme o princípio econômico de que a oferta puxa a demanda, uma das primeiras medidas para salientar a relevância prática da nossa disciplina é de natureza curricular. Em outras palavras, preparar os estudantes da nossa área com um conhecimento adequado é um pré-requisito para que a ciência da religião se apresente publicamente como uma disciplina capaz de contribuir para o bem-estar político e social. O restante deste ensaio oferece algumas reflexões nesta direção.

Base conceitual geral

Diferentemente da proposta de Tworuschka, cuja normatividade coloca parte do fundamento epistemológico da nossa disciplina em xeque, a ciência da religião aplicada deve manter seu compromisso com o estatuto tradicional da nossa área acadêmica. Seu real avanço ocorre na reorganização curricular acadêmica em favor de uma aquisição de um saber aprofundado referente a áreas de maior relevância profissional extrauniversitária para os estudantes. A identificação de áreas que merecem atenção, neste sentido, não representa uma grande dificuldade para quem está acostumado com uma abordagem estritamente empírica a nossos objetos de pesquisa. Desse ponto de vista, religião não é algo que existe "nas nuvens", cujo "mistério" escapa a um olhar "profano". Do ponto de vista da ciência da religião "pós-fenomenológica", religião é algo essencialmente humano, cujos traços e efeitos se encontram em diferentes formas no aqui e agora, tanto como variável independente quanto como variável dependente em virtualmente qualquer segmento de vida. Basta ter em mente este axioma fundamental para gerar uma lista de temas dignos de reflexões no decorrer de uma formação em nossa disciplina que se preocupa com as vantagens extra-acadêmicas dos seus *insights* e resultados. Os itens dessa lista não necessitam automaticamente de uma busca para elementos curriculares inovadores. Pelo contrário, há inúmeros aspectos relevantes nesse sentido que são adquiridos no decorrer de uma formação convencional na área de ciência da religião, sem que eles sejam identificados como aplicáveis em segmentos extra-acadêmicos em que mestres e doutores poderiam atuar depois dos seus estudos acadêmicos bem-sucedidos. De acordo com sua orientação multidisciplinar, a ciência da religião, interessada no fortalecimento da sua relevância extra-acadêmica, mantém sua abertura para as contribuições oriundas de outras áreas de conhecimento, para as quais a religião é apenas um campo de estudo secundário.

Demandas curriculares gerais

Um programa de ciência da religião que se esforce para adaptar sua oferta curricular às exigências político-sociais articuladas por instâncias públicas está diante de dois desafios interrelacionados. O primeiro tem a ver com a multiplicidade das esferas sociais em que cientistas da religião poderiam atuar fora da academia. Devido à impossibilidade do corpo docente atender a todas essas demandas por meio de disciplinas correspondentes, há a pergunta sobre as áreas específicas a serem contempladas pelas ofertas do respectivo programa. Segundo, na medida em que decisões curriculares, no sentido estrutural, são tomadas, impõe-se como tarefa a definição de conteúdo que o aluno deve adquirir no decorrer da sua formação em função das suas futuras contribuições para a solução de problemas práticos na esfera social em que pretende atuar profissionalmente. O professor encarregado com a elaboração de uma disciplina desse tipo deve se lembrar que inúmeros conceitos e dados potencialmente aplicáveis em segmentos extra-acadêmicos fazem parte da formação "convencional de mestrandos e doutorandos, sem que este conteúdo seja imediatamente identificado como pragmaticamente útil para esferas sociais 'carentes'". Por outro lado, tem que se contar com a possibilidade de que uma maior ênfase curricular em elementos do nosso tradicional estoque de conhecimento apto para uma aplicação pragmática além das universidades não dá conta das expectativas de entidades mais diretamente envolvidas em esferas para as quais se buscam soluções de problemas. Nessa situação, a ciência da religião - desde seu início aberta para o intercâmbio interdisciplinar - tem que se manter disponível para a incorporação de saberes acadêmicos produzidos em outros contextos acadêmicos cujo interesse de conhecimento está mais diretamente direcionado para as zonas sociopolíticas publicamente identificadas como conflituosas.

Exemplificação

O exemplo do segmento da saúde ajuda a concretizar a estratégia dupla acima esboçada. Diversos aspectos do espectro temático relacionados a esta área fazem parte do repertório dogmático e prático das religiões e são geralmente abordados por bons cursos de ciência da religião. Mesmo que o assunto da saúde não seja um tópico explícito no currículo, perguntas como as seguintes aparecem em momentos oportunos durante o curso: Como as religiões interpretam o corpo em relação a outras dimensões da existência humana? Qual potencial e quais limites as diferentes tradições religiosas atribuem à fisiologia humana? Qual conceito de saúde é afirmado por uma tradição religiosa? No seu repertório espiritual, encontram-se técnicas em prol da manutenção da saúde ou da cura, como, por exemplo, o *āyurveda* no hinduísmo ou a acupuntura na tradição chinesa? Há pesquisas na busca de correlações positivas entre crenças e/ou práticas religiosas e a saúde humana? O que as éticas religiosas dizem sobre a doação de órgãos e a eutanásia? Qual o significado que as diferentes religiões atribuem aos estados terminais da vida e à morte? Programas que pretendem fortalecer esta linha de pesquisa e aperfeiçoar seus currículos em prol da formação de mestres e doutores que vislumbram a área da saúde como futuro campo profissional teriam que retomar os *insights* sobre doutrinas e práticas das diferentes religiões relacionadas ao corpo humano que a ciência da religião acumulou no decorrer da sua história. A tentativa de sistematização desse conhecimento próprio para fins didáticos deve ser norteada por uma diferenciação de subtemas implícitos no assunto da saúde. Nesse sentido, a literatura pode ser organizada conforme a pergunta se uma publicação escolhida para a bibliografia trata de saúde individual ou pública, aborda a saúde corporal ou mental, ou se interessa pelo bem-estar ou cuidado em estágios específicos de vida, como, por exemplo, na velhice enquanto fase próxima da morte. Além disso, uma série de referências oriundas das disciplinas auxiliares enriquecerá o material de estudo em cursos preparatórios para futuras atuações profissionais de cientistas da religião no segmento da saúde.

Em uma bibliografia levantada em prol da preparação de candidatos para uma carreira na área em questão, não devem faltar referências como os Livros (a) *Chinese and*

Indian Medicine Today, (b) *Health and Well-Being in Islamic Societies* e (c) *Medicine Across Cultures: History and Practice of Medicine in Non-Western Cultures*. A primeira obra foi publicada pelo sociólogo, médico e antropólogo Nazrul Islam (Islam, 2017). Em complementação a informações sobre o daoísmo e o hinduísmo que já devem ser contempladas por currículos de programas de ciência da religião bem-sucedidos, o livro aborda sistemas tradicionais milenares de saúde chinesa e indiana, seu papel contemporâneo em regiões rurais dos dois países asiáticos, bem como da sua relevância como abordagens complementares à medicina moderna em contextos ocidentais.

O Livro *Health and Well-Being in Islamic Societies* é fruto de uma colaboração entre Harold G. Koenig, diretor do Centro para Espiritualidade, Teologia e Saúde e professor de Psiquiatra e Ciências de Comportamento na Duke University Medicai Center, nos EUA, e Saad Saleh AL Shohaib, professor de Medicina especializado em Nefrologia na King Abdul-Aziz University, na Arábia Saudita. Os dois autores escreveram esse livro com o objetivo de "apresentar objetivamente as crenças e práticas dessas duas grandes religiões monoteístas e determinar suas relações com a saúde, mostrando o maior respeito por ambas as tradições" (Koenig; Shohaib, 2014, p. v), sintetizando os resultados de pesquisas sobre a relação entre religião e saúde em populações muçulmanas, por um lado, e em sociedades cristãs, por outro lado.

A terceira publicação é uma coletânea cujos autores discutem abordagens medicinais promovidas por diferentes tradições religiosas, entre eles a islâmica, chinesa, indiana e tibetana (Selin, 2003). Cita-se esse livro aqui também para reafirmar que a busca por soluções de problemas relacionados a um fenômeno tão complexo como o da saúde humana tem necessariamente um caráter interdisciplinar. Consequentemente, encontram-se na coletânea não apenas um capítulo do cientista da religião e professor emérito na Universidade de Estocolmo, Âke Hultkrantz, e um ensaio da antropóloga da religião da Drew University, nos EUA, Karen McCarthy Brown, mas também textos de autores formados em matérias acadêmicas que desde o início da nossa disciplina têm uma forte afinidade com a ciência da religião, como a indologia, a sinologia e a egiptologia. Um terceiro bloco de contribuições para esta coletânea foi redigido por especialistas no campo da medicina, o que salienta que reflexões de não cientistas da religião sobre assuntos relacionados à saúde podem ser úteis para a nossa disciplina.

O currículo de um programa de ciência da religião aberto para materiais oriundos das disciplinas auxiliares também não deve negligenciar obras como (a) *Faith and Fertility. Attitudes Towards Reproductive Practices in Different Religions from Ancient to Modern Times*, (b) *Realized Religion: Research on the Relationship Between Religion and Health*, ou (c) *The Role of Religion in Marriage and Family Counseling.*

A primeira destas três publicações (Blyth; Landau, 2010) foi organizada por duas autoras formadas em sociologia na busca de repostas a perguntas como: O que sabemos sobre as atitudes em relação às práticas reprodutivas nas diferentes religiões e sistemas de crenças e suas normas? Existem realmente grandes diferenças entre as várias comunidades religiosas ou de fé nas crenças e práticas relacionadas às questões de fecundidade, infertilidade e concepção? E se houver, quais são essas diferenças e como elas influenciam a prática cotidiana no contexto da reprodução? Para a discussão sobre essas questões, foram convidados autores de diferentes áreas (saúde comportamental, medicina reprodutiva, enfermagem, ginecologia, serviço social, direito, filosofia e teologia) que aplicaram seu conhecimento específico para iluminar as atitudes diante de práticas reprodutivas defendidas por tradições religiosas como o catolicismo, o anglicanismo, o islã, o hinduísmo, as tradições chinesas, o budismo, a tradição iorubá e o judaísmo.

Realized Religion: Research on the Relationship between Religion and Health foi escrito pelo psicólogo Theodore J. Chamberlain e pelo teólogo Christopher A. Hall (Chamberlain; Hall, 2000). O livro oferece uma discussão ampla e diferenciada sobre possíveis efeitos positivos e negativos da religião sobre a saúde. Além do papel positivo da oração, abordado no primeiro capítulo, a publicação discute as relações entre a religião e aspectos da saúde mental, a sensação da satisfação com a vida, o suicídio e o abuso de álcool.

A coletânea *The Role of Religion in Marriage and Family Counseling* (Onedera, 2008) reúne contribuições de especialistas de diferentes disciplinas como a psicologia, a teologia, a educação e a filosofia. Direciona-se a terapeutas cujo trabalho com clientes que têm passado por problemas de relação conjugal e dificuldades familiares requer o conhecimento sobre os significados de casamento e da família do ponto de vista de várias tradições religiosas inclusive o judaísmo, o budismo e tradições indígenas.

O último exemplo de literatura potencialmente útil para programas de ciência da religião cujos corpos docentes decidem incluir nos seus currículos matérias em prol da capacitação de estudantes para uma atuação extra-acadêmica na área de saúde é a brochura *Health Care and Religious Beliefs* (Loma Linda University Medical Center, s.d.), com a qual o Loma Linda University Medical Center pretende prestar um serviço para médicos e suas equipes que atuam naquele hospital norte-americano. O material se mostra consciente dos desafios gerados pelo contexto multicultural da instituição, e quer sensibilizar seus profissionais para a assistência diferenciada a seus pacientes, de acordo com as suas afiliações religiosas. Trata-se, além de aderentes de diferentes denominações cristãs, judeus, hindus, budistas, *sikhs* e muçulmanos. O folheto afirma:

> Uma questão significativa para todos nós que aspiramos a fornecer a melhor qualidade de cuidados de saúde é esta: "Como podemos oferecer aos nossos pacientes, com sua rica diversidade de origens religiosas, um cuidado que é espiritualmente carinhoso e culturalmente competente?" (Loma Linda University Medical Center, s.d., p. 2)

Sob essas condições, a brochura "quer abrir janelas sobre elementos-chave das tradições de fé para que os pacientes que pertencem a essas tradições possam receber cuidados mais atenciosos". Logo depois, confirma que o material levantado foi revisto por estudiosos com conhecimento de religiões comparadas (Loma Linda University Medical Center, s.d., p. 2), o que comprova que a área de saúde é, de fato, um campo aberto para diálogos e contribuições com cientistas da religião.

Breve comentário sobre outras opções curriculares

Além da área de saúde, há diversos outros campos carentes de contribuições de cientistas da religião que poderiam aparecer em um currículo aperfeiçoado, no sentido de inclusão de temáticas socialmente e politicamente relevantes. Devido às limitações formais do presente ensaio, há apenas espaço para a menção um pouco mais detalhada de mais três temáticas que seriam prestigiosas para uma ciência da religião aplicada.

O primeiro campo é o das relações internacionais. Semelhantemente ao da saúde, trata-se de um assunto abordado no contexto do estudo acadêmico tradicional das religiões, por exemplo, em momentos em que o estudante se debruça sobre a evolução dos seus objetos, reconhecendo que, no decorrer da história, as religiões têm frequentemente assumido o papel de protagonistas globais. Devido aos acontecimentos dramáticos de 11 de setembro de 2001, o assunto ganhou uma visibilidade inédita - dentro e fora do ambiente acadêmico -, o que faz com que problemas relacionados estejam entre os mais atraentes para programas de ciência da religião que querem expandir suas ofertas curriculares em prol da uma maior aplicabilidade extra-acadêmica da disciplina. (Hatzopoulos; Petito, 2003; Michael; Petito, 2009). Caso um corpo docente opte por essa abordagem, a leitura do livro *Religion and Politics in the International System Today* (Hanson, 2006) é recomendada para mestres e doutores em ciência da religião interessados na aplicação extra-acadêmica do seu conhecimento fornecido pela universidade. Uma parte dessa obra consiste na reflexão sobre a relação entre religião e política em diferentes regiões do mundo, como o Ocidente (cristianismo, islamismo, judaísmo), a Ásia Oriental (budismo, cristianismo, confucionismo), a Ásia Meridional (hinduísmo, budismo, islamismo), o Oriente Médio e o norte da África (judaísmo, cristianismo, islamismo), e a América Latina (religiões indígenas, catolicismo, protestantismo).

A segunda temática potencialmente instigante para colegas brasileiros conscientes da necessidade de incluir nas suas agendas assuntos extra-academicamente relevantes é a da relação entre religião e esporte. A área está aberta para a contribuição da nossa disciplina, como demonstra a coletânea *The Prophetic Dimension of Sport* (Shoemaker, 2019), redigida por diversos especialistas, inclusive por seis autores que atuam em programas de ciência da religião estadunidenses. Quem concorda com a perspectiva de que reflexões deste tipo tem potencial na ciência da religião aplicada deve também se interessar pela obra *Educação Física na Ciência da Religião* (Montalvão, 2017).

O terceiro assunto que pode ser incluído em um currículo universitário sensível para as chances profissionais encontradas em segmentos extra-acadêmicos é o da relação entre religião e turismo. Uma série de questões devem ser abordadas em cursos designados para a capacitação de mestres e doutores nesta área, como as formas que o turismo religioso pode assumir (Timothy; Olsen, 2006), a sua relação com o turismo enquanto empreendimento secular (Oliveira, 2017; Swatos Jr., 2006), como o turismo religioso é contextualizado e organizado em determinados países (Howe, 2005; Oakes; Sutton, 2010), e em quais momentos e sob quais circunstâncias as ofertas turísticas se tornam ambíguas, por exemplo, devido a conflitos inter-religiosos ou pela restrição da liberdade religiosa em determinados países (Raj; Griffin, 2017).

Perspectiva

Os exemplos acima levantados representam o amplo horizonte de áreas temáticas que podem ser contempladas por representantes da ciência da religião universitária na busca por um escopo profissional maior dos seus estudantes. Quem se inspirou neles é convidado a contribuir para o raciocínio iniciado por um *paper* cujas limitações formais não permitem reflexões mais amplas sobre possíveis configurações curriculares de uma ciência da religião aplicada no sentido indicado na introdução desse ensaio.

APÊNDICE

A CIÊNCIA DA RELIGIÃO COMO DISCIPLINA REFERENCIAL PARA A TEOLOGIA - UM ESBOÇO PROGRAMÁTICO[8]

Considerações gerais

Um teólogo que leva a sério os objetivos da sua disciplina depende não apenas do conhecimento acumulado no âmbito da própria disciplina. Apesar do interesse principal no aprofundamento do conhecimento sobre a própria tradição, a teologia expande seu espectro do conhecimento mediante a "importação" de saberes produzidos por cientistas de outras áreas. Uma das disciplinas capazes de enriquecer o repertório teológico é a ciência da religião. O Secretariado para Não Cristãos (fundado em 1964 pelo Papa Paulo VI como departamento da Cúria Romana e, em 1988, renomeado Concílio Pontifício para o Diálogo Interreligioso), por exemplo, salienta a necessidade do conhecimento amplo e profundo sobre

[8] O texto é fruto de reflexões didáticas em uma época em que cientistas da religião ainda representaram uma boa parte dos docentes encarregados de ministrar a disciplina obrigatória para todos os graduandos da PUC-SP chamada "Introdução ao pensamento teológico".

outras religiões e recomenda que teólogos engajados em estudos afins busquem apoio na ciência da religião (A Santa Fé, s.d.).

A última é capaz de desempenhar o papel como uma disciplina "auxiliar" no âmbito da teologia devido a três características principais. Primeiro, a ciência da religião é interessada em qualquer manifestação religiosa. Se houver uma hierarquia de relevância de objetos do ponto de vista do cientista da religião ela não se explica por uma identificação do pesquisador com uma determinada crença, mas por sua especialização acadêmica em determinadas tradições religiosas. Independente do seu foco em determinados objetos, ele aborda seus campos de estudo em uma atitude norteada pelo ideal da imparcialidade. Sua primeira tarefa é de registrar o mais autenticamente possível o que os aderentes de uma determinada religião afirmam sobre si mesmos, sua própria fé, suas práticas etc. Essa postura, porém, tem como requisito um terceiro elemento: a independência do cientista da religião de um compromisso com uma instituição religiosa em cujo nome as pesquisas são realizadas. Nesse sentido, o cientista da religião desfruta de uma liberdade acadêmica maior do que colegas cuja relação íntima com uma determinada Igreja pode implicar em uma interferência da última nas escolhas de objetos e na maneira de estudá-los.

Essas três marcas do estatuo epistemológico e da metodologia da ciência da religião são frequentemente citadas por representantes da disciplina. Um exemplo é o seguinte trecho do *website* do respectivo programa na Universidade de Hannover (Alemanha), que diz:

> Hinduísmo, Budismo, Islamismo, Judaísmo, Cristianismo – o mundo das religiões é diversificado e multifacetado, nem se sabe

> exatamente quantas religiões singulares existem. Dentro e fora das grandes religiões que cunharam a cultura mundial contemporânea havia e há milhares de movimentos religiosos. Você se interessa pela diversidade cultural do comportamento humano? Você gostaria de conhecer e entender melhor o pensamento e o sentimento de diversos grupos? Questões como essas apontam para o espectro fascinante da ciência da religião. Enquanto teólogos [cristãos] estudam apenas a fé cristã, é tarefa dos cientistas da religião descrever, analisar e investigar as religiões universais e populares, as religiões proféticas e místicas, as religiões crescidas e fundadas no mundo inteiro. Porém, se quiser estudar Ciência da Religião, não é suficiente apenas se interessar pela vida religiosa de povos alheios. Deve-se ter também uma empatia para com as perspectivas religiosas de outras culturas. O trabalho disciplinar não está vinculado no sentido eclesiástico ou ideológico. Para esse estudo, sua convicção pessoal sobre a existência, ou não, de deus ou deuses é sem nenhuma relevância (Religionswissenschaft an der Universität Hannover, s.d.).

Em que sentido estes três constituintes centrais (a abrangência do objeto, a postura "desinteressada" do pesquisador em termos de julgamentos religiosos e a independência da pesquisa de exigências extra-acadêmicas) determinam a utilidade específica da ciência da religião para a teologia das religiões e o diálogo interreligioso? Uma primeira resposta a esta pergunta encontra-se na seguinte afirmação do cientista da religião Michael Pye:

> Os representantes das várias organizações religiosas que se encontram nos diálogos um com o outro são geralmente os mais sinceros e respeitosos na sua abordagem. Entretanto, mesmo com a melhor das intenções é possível ocorrer maus entendimentos.

> Como pode um diálogo entre religiões ocorrer sem informações precisas e análises instrutivas? Poderia ajudar se os cientistas da religião fossem permitidos de alguma maneira a compartilhar em eventos do diálogo quando ocorrerem. Mesmo que eles não representem uma religião específica, eles podem, no entanto, ser capazes de ajudar no trabalho de elucidação e análise. Assim, sua participação pode ajudar a estabilizar e facilitar o processo de diálogo em situações específicas (Pye, 2001, p. 3).

Entre as diversas contribuições da ciência da religião para a teologia das religiões há três funções que merecem destaque neste pequeno texto. Primeiro, a relativização da pretensão das religiões de representar a verdade; segundo, a sensibilização do teólogo para o potencial das diferentes religiões de entrar em contato com as outras; terceiro, a problematização da tríade "exclusivismo-inclusivismo-pluralismo" no sentido de posturas típicas assumidas pelas religiões em situações interreligiosas.

A relativização das próprias pretensões religiosas de representar a verdade última

O registro detalhado, seguido pela comparação de várias crenças no âmbito disciplinar da ciência da religião, não apenas fornece um material denso de informações sobre as especificidades de cada religião. Promove, também, um conceito de religião como sistema de referência no sentido de um conjunto de doutrinas e práticas logicamente interrelacionadas, que oferece para o aderente uma interpretação de vida plausível e convincente em si. O reconhecimento desse fato requer, de um observador externo, que ele entenda o "mapa mental" que norteia os fiéis da religião investigada. Diante dessa demanda metodológica, seria inoportuno descrever o sistema dos outros em termos de um sistema alheio. Em outras palavras: uma religião como o islamismo, por exemplo, seria mal-entendida se fosse descrita em termos cristãos. Axiomas oriundos de um sistema religioso diferente são incapazes de fazer justiça à lógica de fé dos outros. Consequentemente o observador externo partidário tem dificuldades de desenvolver uma empatia para com a plausibilidade interna da religião observada. Diante deste problema requer-se a ciência da religião, cuja especificidade epistemológica Michael Pye descrê com as seguintes palavras:

> Se adotarmos uma visão rigorosa da ciência da religião, podemos aceitar a afirmação de Tominaga Nakamoto, pensador japonês do século XVIII [...] que diz "Eu não sou um seguidor do confucionismo, nem do daoísmo, nem mesmo do budismo. Eu observo as palavras e ações deles [...]. De princípio, eu concordo com essa visão. Podemos esperar apenas de uma ciência da religião independente de posições religiosas particulares que consiga fazer observações sistemáticas e consistentes, e providenciar uma análise útil de sistemas religiosos (Pye, 2001, p. 1).

Reforçando: Diferentemente da ciência da religião, a teologia não é "independente de posições religiosas". Em vez disso, representa uma disciplina normativa representada por acadêmicos engajados em uma determinada comunidade religiosa. Portanto, não se pode esperar do teólogo a disponibilidade de se encontrar com protagonistas de uma outra religião em uma atmosfera neutra. Em situações como estas, o cientista da religião oferece-se como uma espécie de um tradutor simultâneo ou um guia turístico, com a diferença de que ele desempenha o papel de um mediador entre diferentes religiões (Hasselmann, 2002). Quanto à necessidade de evitar que pretensões de representar a verdade última disturbem o diálogo entre representantes de diferentes religiões, a presença de um cientista da religião pode fazer uma diferença na medida em que consegue transmitir, para os participantes partidários, a ideia de que religiões representam sistemas ideológicos formalmente idênticos e nenhum dos interlocutores está em uma posição de reivindicar superioridade diante do outro.

Em outras palavras:

> A contribuição da ciência da religião consiste em possibilitar comparações contrastantes entre sistemas de referência. Aprende-se que nenhum ser humano que tem sua língua, seus pensamentos e valores pode viver sem um sistema de referência. Apreende-se, também, que nenhum sistema de referência pode ou deve reclamar para si validade absoluta. Com isso, desmascara-se qualquer forma de etnocentrismo como uma ilusão perigosa (Antes, 1978, p. 163).

O potencial das diferentes religiões de entrar em contatos interreligiosos

O estudo comparado das religiões comprova que nem todas as religiões são dispostas a assumir uma perspectiva "sistêmica" no sentido acima elaborado. A disponibilidade de encontrar os "outros" como "iguais" é, em grande parte, uma função da própria religião. São aspectos como as doutrinas e os princípios éticos de cada um dos interlocutores que possibilitam ou impedem uma comunicação interreligiosa frutífera. Nesse sentido há grandes diferenças no mundo religioso no que diz respeito à vontade dos protagonistas das diversas crenças de se submeter à crítica alheia, à sua flexibilidade diante de argumentos desafiadores do outro e à sua capacidade de procurar um consenso com os outros participantes do diálogo. A experiência histórica indica que as religiões monoteístas, preocupadas com possíveis blasfêmias e ofensas contra Deus em formas de "ídolos" e "superstições", têm maiores dificuldades de relativizar um pensamento monopolizador do que as religiões politeístas, acostumadas com um panteão plural, ou as religiões não teístas, que afirmam que do ponto de vista de um princípio cósmico impessoal como o *dao*, o *brahman* ou a vacuidade, qualquer imaginação do divino é apenas um símbolo incompleto da última verdade. Um exemplo para o impacto destas constituições básicas das religiões sobre o diálogo é a divergência entre o cristianismo e o budismo em termos da essência da própria religião. Enquanto o cristianismo demonstra a tendência de enfatizar a questão da verdade de uma mensagem, o budismo salienta a utilidade de um caminho. Em outras palavras:

> Há um princípio metodológico [...] que tem a ver com a natureza da doutrina religiosa. Formulado resumidamente e de maneira grossa, esse princípio propõe que doutrinas religiosas têm que ser úteis em vez de verdadeiras, que sua importância está nos seus efeitos naqueles que acreditam nelas (Gross, 1999, p. 66).

É óbvio que deste ponto de vista um cristão que insista na palavra de Jesus "Eu sou o caminho, e a verdade e a vida; ninguém vem ao Pai, senão por mim" (João 14:6) tem tendencialmente mais dificuldades de aceitar o "outro" do que o adepto de uma religião que enfatiza a importância da prática e se mantém cético diante de "dogmas" supostamente comprovados. Em outras palavras: na medida em que um budista se reconhece como um andarilho de uma trilha na direção de um alvo ainda não alcançado, ele deve ter poucos problemas de valorizar o caminho do "outro", mesmo que o último seja contextualizado em uma lógica religiosa diferente da própria. A antecipação das diferentes modalidades discursivas subjacentes nos argumentos do "outro" é um elemento-chave para contatos interreligiosos bem-sucedidos. Recomenda-se aos teólogos da religião aprender com a ciência da religião sobre a relação entre a constituição doutrinária das diferentes religiões e suas capacidades de se comunicar construtivamente com as outras.

O espectro ampliado de posturas assumidas em situações interreligiosas

Um terceiro serviço prestado pela ciência da religião para a teologia das religiões consta da sensibilização para as limitações da tríade "exclusivismo-inclusivismo-pluralismo" como possíveis posturas interreligiosas. A discussão sobre a pertinência destes conceitos não é uma novidade no âmbito da teologia das religiões. Pelo contrário, a literatura especializada comprova a insatisfação de alguns protagonistas da própria disciplina com o potencial heurístico das três categorias. Os debates entre cientistas da religião sobre o mesmo assunto não apenas reforça as preocupações desses teólogos, mas fornece também *insights* em posturas interreligiosas assumidas por outras religiões que escapam da sistematização tripla convencional. O budismo – para citar novamente essa religião como exemplo – desenvolveu no decorrer dos 2.500 anos da sua existência um espectro diferenciado de figuras retóricas aplicadas em situações interreligiosas. Um levantamento sistemático demonstra que embora haja momentos em que uma postura pode ser caracterizada em termos do inclusivismo, pluralismo ou exclusivismo, é preciso perguntar a que aspecto religioso a atitude se refere. Trata-se de um posicionamento com relação a uma doutrina, uma prática espiritual ou um objetivo soteriológico? Nesse sentido é possível que todas as três modalidades estejam simultaneamente presentes em um diálogo entre um budista e um representante de uma outra religião. O alto grau de tolerância para com a forma em que adeptos de outra religião rezam, por exemplo, não significa automaticamente que o budismo aceita o conceito de salvação defendido pelo interlocutor. Além de uma postura diferenciada no sentido da simultaneidade das três "posturas clássicas", um olhar na história do budismo revela não apenas três, mas onze maneiras dessa religião de se posicionar diante de uma outra religião (Usarski, 2009, p. 165ss). Entre as últimas encontra-se uma atitude chamada *avyakata*, o que pode ser traduzido como "perguntas não respondidas". Em termos simples, esta modalidade retórica consta do silêncio do Buda diante de uma briga interreligiosa. Quando o Buda aplicou esta técnica discursiva, ele não quis indicar um desinteresse na superação da disputa. Ele simplesmente não se posicionou por razões "didáticas" em prol do objetivo de despertar no interlocutor um *insight* na resposta correta na pergunta em aberto. Trata-se de uma forma comunicativa que não pretende ou chegar a um consenso entre representes de dois sistemas ou convencer o outro da superioridade do próprio. Em vez disso, o método de *avyakata* instrumentaliza o diálogo interreligioso para fins espirituais inerentes do próprio sistema. Generalizando esse caso exemplar, pode-se concluir que a ciência da religião é capaz de ampliar o horizonte da teologia das religiões e evitar que os participantes em diálogos interreligiosos se surpreendam com a complexidade e inteligência do repertório discursivo desenvolvidos em outros contextos culturais.

REFERÊNCIAS

AHN, G., BRANKOVIĆ, C., HEIDBRINK, S. "Wer eine kennt, kennt keine. Religionswissenschaft in Heidelberg". *In*: BRANKOVIC, C., Heidbrink, S., LAGEMANN, C. (ed.). *Religion in Ex-Position: Eine religionswissenschaftliche Ausstellung*. Heidelberg: Universitätsmuseum, 2015, pp. 21-30. Disponível em: https://books.ub.uni-heidelberg.de/heibooks/catalog/book/69. Acesso em: 16 out. 2023.

ALBERTA HEALTH SERVICES. *Healthcare and Religious Beliefs*. Calgary: Alberta Health Services, 2015. Disponível em: https://www.albertahealthservices.ca/assets/programs/ps-1026227-health-care-religious-beliefs.pdf. Acesso em: 16 out. 2023.

ALLGEMEINE Informationen zur Religionswissenschaft. *Ebehard Karls Universität Tübingen*. s.d. Disponível em: https://uni-tuebingen.de/fakultaeten/evangelisch-theologische-fakultaet/lehrstuehle-und-institute/religionswissenschaft-und-judaistik/. Acesso em: 3 out. 2020.

ANTES, P. "Der Beitrag der Religionswissenschaft zum Alternativ-Unterricht". *Der evangelische Erzieher*. Berlin: De Gruyter, ano 30, nº 3 (1978), pp. 152-163. Disponível em: https://doi.org/10.1515/zpt-1978-0304. Acesso em: 16 out. 2023.

ANTES, P. "Systematische Religionswissenschaft: eine Neuorientierung". Zeitschrift für Missionswissenschaft und Religionswissenschaft. Eresing: EOS Print, ano 70, nº 2/3 (1986), pp. 214-221.

A Santa Sé. *Pontificio Consiglio per il Dialogo Interreligioso.* s.d. Disponível em: https://www.vatican.va/roman_curia/pontifical_councils/interelg/documents/rc_pc_interelg_pro_20051996_it.html. Acesso em: 11 set. 2021.

AUTORENKOLLEKTIV AM INSTITUT FÜR PHILOSOPHIE DER KARL-MARX-UNIVERSITÄT LEIPZIG. *Die Wissenschaft von der Wissenschaft.* Berlin (Ost): Dietz, 1968.

BATES, M. J. "An introduction to metatheories, theories, and models". In: FISHER, K. E., ERDELEZ, S., MCKECHNIE, L. (ed.). *Theories of information behavior.* Medford: Information Today, 2005, pp. 1-24.

BERGER, P. L. *O imperativo herético: possibilidades contemporâneas da afirmação religiosa.* Petrópolis: Vozes, 2017.

BERGER, P. L. *Perspectivas Sociológicas. Uma visão humanística.* Petrópolis: Vozes, 2011.

BERGER, P. L., LUCKMANN, T. *A construção social da realidade: tratado de sociologia do conhecimento.* Petrópolis: Vozes, 2004.

BERNER, U. *Religionswissenschaft (historisch orientiert).*Göttingen: Vandenhoeck & Ruprecht, 2020.

BLYTH, E., LANDAU, R. (ed.). *Faith and Fertility: Attitudes Towards Reproductive Practices in Different Religions from Ancient to Modern Times.* London; Philadelphia: Templeton Foundation, 2010.

BOCHINGER, C. "Religionswissenschaft". *In*: ROTH, M. (ed.). *Leitfaden Theologie.* Göttingen: Vandenhoeck & Ruprecht, 2004, pp. 183-216.

BOCHINGER, C., FRANK, K. "Das religionswissenschaftliche Dreieck. Elemente eines integrativen Religionskonzepts". *Zeitschrift für Religionswissenschaft.* Berlin: De Gruyter, ano 23, nº 2 (2015), pp. 343-370. Disponível em: https://doi.org/10.1515/zfr-2017-9001. Acesso em: 16 out. 2023.

BOURDIEU, P. *Os usos sociais da ciência. Por uma sociologia clínica do campo científico.* São Paulo: Editora UNESP, 2003.

BOURDIEU, P. Pour un savoir engagé. *Le Monde Diplomatique.* Fevereiro de 2002. Disponível em: https://www.monde-diplomatique.fr/2002/02/BOURDIEU/8602. Acesso em: 4 maio 2023.

CAIRD, E. *The Evolution of Religion: The Gifford Lectures delivered before the University of St. Andrews in Sessions 1890-91 and 1891--92*. Glasgow: James Maclehose and Sons, 1899.

CANCIK, H., MOHR, H. "Religionsästhetik". *In*: CANCIK, H., BURKHARD, G., LAUBSCHER, M. (ed.). *Handbuch religionswissenschaftlicher Grundbegriffe*. Kohlhammer: Stuttgart, 1988. pp. 121-156.

CAPPS, W. H. *Religious Studies: The Making of a Discipline*. Minneapolis: Fortress Press, 1995.

CHAMBERLAIN, T. J., HALL, C. A. *Realized Religion: Research on the Relationship between Religion and Health*. Philadelphia: Templeton Foundation Press, 2000.

COOK, S. A. T. *The Study of Religions*. London: Adam & Charles Black, 1914.

CYRANKA, D. *Religionswissenschaft und Interkulturelle Theologie. Thesen zur Einführung – eine Momentaufnahme*. 2020. Disponível em: https://wcms.itz.uni-halle.de/download.php?down=40223&elem=2906601. Acesso em: 11 nov. 2020.

DEUTSCHE VEREINIGUNG FÜR RELIGIONSWISSENSCHAFT. *Religionswissenschaftliche Institute, Seminare und Lehrstühle im deutschsprachigen Raum* s.d. Disponível em: https://www.dvrw.uni-hannover.de/de/standorte/institute-seminar-lehrstuehle. Acesso em: 26 fev. 2023.

DIERKEN, J. "Theologie und Religionswissenschaft". *In*: GRAF, F. W., VOIGT, F. (ed.). *Religion(en) deuten. Transformationen der Religionsforschung*. Berlin, New York: De Gruyter, 2010. pp. 203-220.

FELDTKELLER, A. "Religionswissenschaft innerhalb und außerhalb der Theologie". *In*: LÖHR, G. (ed.). *Die Identität der Religionswissenschaft*. Frankfurt: Peter Lang, 2000. pp. 79-96.

FIGL, J. "Einleitung". *In*: FIGL, J. (ed.). *Handbuch Religionswissenschaft: Religionen und ihre zentralen Themen*. Innsbruck-Wien; Göttingen: Tyroilia; Vandenhoeck & Ruprecht, 2003. pp. 18-80.

FLASCHE, R. *Religionswissenschaft-Treiben: Versuch einer Grundlegung der Religionswissenschaft*. Berlin: Lit Verlag, 2008.

FOUREZ, G. *A construção das ciências. Introdução à filosofia e à ética das ciências*. São Paulo: Editora UNESP, 1995.

FREIBERGER, O. "Ist Wertung Theologie? Beobachtungen zur Unterscheidung von Religionswissenschaft und Theologie". *In*: LÖHR, G. (ed.). *Die Identität der Religionswissenschaft. Beiträge zum Verständnis einer unbekannten Disziplin*. Frankfurt a. M.: Peter Lang, 2000. pp. 97-121.

FREIBERGER, O. "Die deutsche Religionswissenschaft im transnationalen Fachdiskurs". *Zeitschrift für Religionswissenschaft*. Berlin: De Gruyter, ano 21, nº 1 (2013), pp. 1-28. Disponível em: https://doi.org/10.1515/zfr-2013-0001. Acesso em: 16 out. 2023.

FREIBERGER, O. *Considering Comparison: A Method for Religious Studies*. New York: Oxford University Pres, 2019.

FRITZ, N., HÖPFLINGER, A.-K., KNAUß, S., MÄDER, M.-T., PEZZOLI-OLGIATI, D. *Sichtbare Religion. Eine Einführung in die Religionswissenschaft*. Berlin; Boston: De Gruyter, 2018.

FÜHRDING, S. "Diskursgemeinschaft Religionswissenschaft". *In*: FRANKE, E., MASKE, V. (ed.). *Religionswissenschaft zwischen Sozialwissenschaften, Geschichtswissenschaften und Kognitionsforschung. Ein Autoren-Workshop mit Hubert Seiwert*. Marburg: IVK – Religionswissenschaft, 2014. pp. 55-68.

FÜHRDING, S. Methoden für die Religionswissenschaft. Professionalisierung und Fachidentität. *Zeitschrift für junge Religionswissenschaft*. Openedition jounals; [*S.l.*], nº 8 (2013), pp. 1-10. Disponível em: https://doi.org/10.4000/zjr.279. Acesso em: 16 out. 2023.

RELIGIONSWISSENSCHAFT als Gesellschafts- und Kulturwissenschaft. *Goethe-Universität Frankfurt am Main*. s.d. Disponível em: https://www.uni-frankfurt.de/42495474/Profil. Acesso em: 28 jul. 2020.

GRESCHAT, H.-J. *Was ist Religionswissenschaft?* Stuttgart: Kohlhammer, 1988.

GRESCHAT, H.-J. *O que é Ciência da Religião?* Trad. Frank Usarski. São Paulo: Paulinas, 2005.

GRESCHAT, H.-J. "Religionswissenschaft heute: Kontraste und Alternativen". *Der Evangelische Erziehe*, Berlin: De Gruyter, ano 35, nº 6 (1985), pp. 511-523. Disponível em: https://doi.org/10.1515/zpt-1983-0604. Acesso em: 16 out. 2023.

GRIESER, A., JOHNSTON, J. (ed.). *Aesthetics of Religion. A Connective Concept*. Berlin: De Gruyter, 2017.

GROSS, R. M. "This Buddhist's View of Jesus". *Buddhist-Christian Studies*. Baltimore: Project MUSE, ano 19, nº 1 (1999), pp. 62-75. Disponível em: https://muse.jhu.edu/article/3436. Acesso em: 16 out. 2023.

HANSON, E. O. *Religion and Politics in the International System Today*. New York: Cambridge University, 2006.

HASSELMANN, C. "Das niedersächsische Unterrichtsfach "Werte und Normen" - Zwischen Ideal und Wirklichkeit". *In*: ALBERTZ, J. (ed.). *Werte und Normen: Wandel, Verfall und neue Perspektiven ethischer Lebensgestaltungen*. Falkensee: Freie Akademie, 2002. pp. 87-102.

HATZOPOULOS, P., PETITO, F. (ed.). *Religion in International Relations: the Return from Exile*. New York: Palgrave Macmillan, 2003.

HOPKINS, E. W. *The History of Religions*. New York: Macmillan, 1918.

HOWE, L. *The Changing World of Bali: Religion, Society, and Tourism*. London, New York: Routledge, 2005.

HUTTER, M. "Vergleichende Religionswissenschaft als Kultur-wissenschaft". *In*: CONERMANN, S. (ed.). *Was ist Kultur-wissenschaft? Zehn Antworten aus den "Kleinen Fächern"*. Bielefeld: Transcript Verlag, 2012, pp. 157-198.

INSTITUT FÜR MISSIONS- ÖKUMENE- UND RELIGIONSWISSENSCHAFT. *Missionswissenschaft als Interkulturelle Theologie und ihr Verhältnis zur Religionswissenschaft*. Hamburg, 21 de setembro de 2005. Disponível em: https://www.theologie.uni-hamburg.de/einrichtungen/institute/moer/miss-wiss-positionspapier.pdf. Acesso em: 29 de outubro de 2020.

ISLAM, N. *Chinese and Indian Medicine Today: Branding Asia*. Singapore: Springer Nature, 2017.

JASTROW, M. *The Study of Religion*. London: Walter Scott, 1901.

JOHANNSEN, D., KIRSCH, A., KREINATH, J. (ed.). *Narrative Cultures and the Aestetics of Religion*. Leiden; Boston: Brill, 2020.

JORDAN, L. H. *Comparative Religion, a Survey of its Recent Literature*. London: Humphrey Milford, 1920.

JORDAN, L. H. *Comparative Religion, Its Genesis and Growth*. Edinburgh: T. & T. Clark, 1905.

KIPPENBERG, H. G., STUCKRAD, K. V. *Einführung in die Religionswissenschaft. Gegenstände und Begriffe*. München: C.H.Beck, 2003.

KITAGAWA, J. "The Making of a Historian of Religion". *Journal of the American Academy of Religion*. Oxford: University Press, ano 36, nº 3 (1968), pp. 191-202.

KLÖCKER, M., TWORUSCHKA, U. (ed.). *Praktische Religionswissenschaft: Ein Handbuch für Studium und Beruf*. Köln: Böhlau, 2008.

KNOTT, K. "Religious Studies and its Relationship with Theology: A Spatial Analysis". *Temenos*. [*S.l.*], ano 43, nº 2 (2007), pp. 173-197. Disponível em: https://doi.org/10.33356/temenos.7911. Acesso em: 16 out. 2023.

KOCH, A., WILKENS, K. *The Bloomsbury Handbook of the Cultural and Cognitive Aesthetics of Religion*. London: Bloomsbury Academic, 2020.

KOENIG, H. G., SHOHAIB, S. A. (ed.). *Health and Well-Being in Islamic Societies: Background, Research, and Applications*. Cham: Springer, 2014.

KRECH, V. "Wohin mit der Religionswissenschaft? Skizze zur Lage der Religionsforschung und zu Möglichkeiten ihrer Entwicklung". *Zeitschrift für Religions- und Geistesgeschichte*. [*S.l.*]: Brill, ano 2, nº 58 (2006), pp. 97-113.

KUHN, T. S. *A Estrutura das Revoluções Científicas*. Trad. Beatriz V. Boeira e Nelson Boeira. São Paulo: Perspectiva, 2000.

LANCZKOWSKI, G. *Einführung in die Religionswissenschaft*. Darmstadt: Wissenschaftliche Buchgesellschaft, 1991.

LEHRSTUHL für Fundamentaltheologie und Vergleichende Religionswissenschaft. *Julius-Maximilians-Universität Würzburg.* s.d. Disponível em: https://www.theologie.uni-wuerzburg.de/institute-lehrstuehle/syst/lehrstuhl-fuer-fundamentaltheologie/startseite/. Acesso em: 8 set. 2020.

LENZ, I. *Medientraining für Wissenschaftler: Bedeutung und Zukunftsperspektiven am Beispiel des Forschungszentrum Jülich.* Berlin: Logos, 2006.

LOSEE, J. *A Historical Introduction to the Philosophy of Science.* Oxford; New York: Oxford University Press, 2001.

MATHIS, A. "A sociedade na teoria dos sistemas de Niklas Luhmann". *Presença Revista de Educação, Cultura e Meio Ambiente.* Porto Velho, ano VIII, nº 28 (2004), pp. 1-23. Disponível em: https://www.infoamerica.org/documentos_pdf/luhmann_05.pdf. Acesso em: 28 jun. 2018.

MERTON, R. K. "The Normative Structure of Science (1942)". *In*: MERTON, R. K. (ed.). *The Sociology of Science: Theoretical and Empirical Investigations.* Chicago; London: University of Chicago, 1973. pp. 267-278.

MICHAEL, M. S., PETITO, F. (ed.). *Civilizational Dialogue and World Order: the other Politics of Cultures, Religions, and Civilizations in International Relations.* New York: Palgrave Macmillan, 2009.

MISSIONS- und Religionswissenschaften. *Friedrich-Alexander Universität Erlangen-Nürnberg.* s.d. Disponível em: https://www.theologie.fau.de/institut-st-landing/lehrstuhl-fuer-religionswissenschaft-und-interkulturelle-theologie/profil-des-lehrstuhls/. Acesso em: 6 set. 2020.

MOENIKES, A. "Zum Verhältnis zwischen Religionswissenschaft und Theologie". *Zeitschrift für Religions- und Geistesgeschichte.* [*S.l.*], Brill, ano 49, nº 3 (1997), pp. 193-207.

MOHN, J. "Religionsästhetik: Religion(en) als Wahrnehmungsräume". *In*: STAUSBERG, M. (ed.). *Religionswissenschaft.* Berlin: De Gruyter, 2012. pp. 329-342.

MOHN, J. "Religionsphänomenologie zur Religionsästhetik: neue Ansätze einer systematischen Religionswissenschaft". *Münchener Theologische Zeitschrift*. Berlin; New York: De Gruyter, ano 55, nº 4 (2004), pp. 300-309.

MONTALVÃO, S. A. (ed.). *Educação Física na Ciência da Religião: Disputas, Discussões e Novas Perspectivas*. São Paulo: Edição do Autor, 2017.

MÜLLER, F. M. *Einleitung in die Vergleichende Religionswissenschaft*. Strassburg: Trübner, 1876.

MÜLLER, F. M. *Introduction to the Science of Religion*. Oxford: Longman, Green and Co., 1882.

OAKES, T., SUTTON, D. S. (ed.). *Faiths on Display: Religion, Tourism, and the Chinese State*. Lanham: Rowman & Littlefield, 2010.

OLIVEIRA, C. D. M. *Religious Tourism and Heritage in Brazil*. Cham: Springer, 2017.

ONEDERA, J. D. (ed.). *The Role of Religion in Marriage and Family Counseling*. New York, London: Routledge, 2008.

PATRICIO, M. J. d. O. C. *A Ciência Normal em Thomas Kuhn: Apresentação, Críticas e Respostas dadas por Thomas Kuhn*. 2016. Dissertação (Mestrado em Filosofia) - Universidade Estadual de Londrina, Londrina, 2016.

PIKE, K. L. *Language in Relation to a Unified Theory of the Structure of Human Behavior*. The Hague: Mouton, 1967.

POLLACK, D. *Rückkehr des Religiösen? Studien zum religiösen Wandel in Deutschland und Europa II*. Tübingen: Mohr Siebeck, 2009.

POPPER, K. *Conjectures and Refutations. The Growth of Scientific Knowledge*. New York; London: Basic Books, 1962.

PYE, M. "Integração metodológica na Ciência da Religião". *REVER - Revista de Estudo da Religião*. [*S.l.*], ano 17, nº 2 (2017), pp. 162-178. Disponível em: https://doi.org/10.23925/1677-1222.2017vol17i2a9. Acesso em: 16 out. 2023.

PYE, M. *Strategies in the Study of Religions. Volume One: Exploring Methods and Positions*. Berlin; Boston: De Gruyter, 2013.

PYE, M. "The Study of Religions and the Dialogue of Religions". *Marburg Journal of Religion*. Marburg: University of Marburg, ano 6, nº 2 (2001), pp. 1-16.

RAJ, R., GRIFFIN, K. (ed.). *Conflicts, Religion and Culture in Tourism*.

RELIGION und Politik – Exzellenzcluster an der Universität Münster. *Universität Münster*. s.d. Disponível em: https://www.uni-muenster.de/Religion-und-Politik/. Acesso em: 26 out. 2020.

RELIGIONSWISSENSCHAFT an der Universität Hannover. *Universität Hannover*. s.d. Disponível em: http://www.rewi.uni-hannover.de/einf.htm. Acesso em: 12 ago. 2008.

RELIGIONSWISSENSCHAFT und Religionsgeschichte. *Ludwig-Maximilians Universität München*. s.d. Disponível em: https://www.rw.evtheol.uni-muenchen.de/index.html. Acesso em: 6 out. 2020.

RÖDDER, S. *Wahrhaft sichtbar: Humangenomforscher in der Öffentlichkeit*. Baden-Baden: Nomos, 2009.

RUDOLPH, K. *Geschichte und Probleme der Religionswissenschaft*. Leiden: Brill, 1992.

RUPP, A. *Religion, Phänomen und Geschichte. Prolegomena zur Methodologie der Religionsgeschichte*. Saarbrücken: Imprint, 1978.

SAUSSAYE, P. D. C. *Die vergleichende Religionsforschung und der religiöse Glaube*. Freiburg: Mohr (Paul Siebeck), 1898.

SCHIEFSKY, M. "The Creation of Second-Order Knowledge in Ancient Greek Science as a Process in the Globalization of Knowledge". *In*: RENN, J. (ed.). *The Globalization of Knowledge in History*. Berlin: Epubli, 2012. pp. 191-202.

SCHMITZ, B., PURFÜRST, K. *Religionswissenschaft in Jena*. Friedrich-Schiller-Universität Jena. s.d. Disponível em: https://www.theologie.uni-jena.de/religionswissenschaft. Acesso em: 5 set. 2020.

SCHRÖDER, U. "O conceito sócio-filosófico de Alfredo Schütz e suas implicações epistemológicas para o campo da Comunicação". *Significação: Revista de Cultura Audiovisual*. São Paulo: Portal de Revistas da USP, ano 33, nº 26 (2006), pp. 9-24. Disponível em: https://doi.org/10.11606/issn.2316-7114.sig.2006.65631. Acesso em: 16 out. 2023.

SCHÜTZ, A. *Das Problem der Relevanz*. Frankfurt a.M.: Suhrkamp, 1971.

SCHÜTZ, A. *Der Sinnhafte Aufbau der Sozialen Welt. Eine Einleitung in die Verstehende Soziologie*. Wien: Julius Springer, 1932.

SCHÜTZ, A.; LUCKMANN, T. *Strukturen der Lebenswelt*. 2. ed. Konstanz, München: UVK Verlagsgesellschaft, 2017.

SEIWERT, H. "Religionswissenschaft zwischen Sozialwissenschaften, Geschichtswissenschaften und Kognitionswissenschaften". *In*: FRANKE, E.; MASKE, V. (ed.). *Religionswissenschaft zwischen Sozialwissenschaften, Geschichtswissenschaften und Kognitionsforschung. Ein Autoren-Workshop mit Hubert Seiwert*. Marburg: IVK – Religionswissenschaft, 2014. pp. 15-31.

SELIN, H. (ed.). *Medicine Across Cultures: History and Practice of Medicine in Non-Western Cultures*. New York: Kluwer, 2003.

SHOEMAKER, T. (ed.). *The Prophetic Dimension of Sport*. Cham: Springer, 2019.

SHUMWAY, D. R., MESSER-DAVIDOW, E. "Disciplinarity: An Introduction". *Poetics Today*. New York: JSTOR, ano 12, nº 2 (1991), pp. 201-225. Disponível em: https://doi.org/10.2307/1772850. Acesso em: 16 out. 2023.

SMITH, W. C. "Comparative Religion: Whither and Why?" *In:* ELIADE, M., KITAGAWA, J. M. (org.). *History of Religions: Essays in Methodology*. Chicago: University of Chicago, 1959. pp. 31-58.

SNEATH, H. E. "Editor's Prospectus". *In*: HOPKINS, E. W. (ed.). *The History of Religions*. New York: Macmillan, 1918. pp. i-ii.

STAUSBERG, M. "Advocacy in the study of religion/s". *Religion*. London: Taylor & Francis online, ano 44, nº 2 (2014), pp. 220-232. Disponível em: https://doi.org/10.1080/0048721X.2014.892248. Acesso em: 16 out. 2023.

STAUSBERG, M. "Religionswissenschaft: Profil eines Universitätsfachs im deutschsprachigen Raum". *In*: STAUSBERG, M. (ed.). *Religionswissenschaft*. Berlin; Boston: Walter de Gruyter, 2012. pp. 1-30.

STOLZ, F. *Grundzüge der Religionswissenschaft*. Göttingen: Vandenhoeck u. Ruprecht, 1988a.

STOLZ, F. "Hierarchien der Darstellungsebenen religiöser Botschaft". *In*: ZINSER, H. (ed.). *Religionswissenschaft. Eine Einführung*. Berlin: Dietrich Reimer, 1988b. pp. 55-72.

SWATOS JÚNIOR, W. H. (ed.). *On the Road to Being There. Studies in Pilgrimage and Tourism in Late Modernity*. Leiden, Boston: Brill, 2006.

TIELE, C. P. *Einleitung in die Religionswissenschaft*. Gotha: Friedrich Andreas Perthes, 1899.

TIMOTHY, D. J., OLSEN, D. H. (ed.). *Tourism, Religion and Spiritual Journeys*. New York: Routledge, 2006.

TRAUT, L.; WILKE, A. *Religion – Imagination – Ästhetik. Vorstellungs- und Sinneswelten in Religion und Kultur*. Göttingen: Vandenhoeck & Ruprecht, 2015.

TWORUSCHKA, U. "Ciência Prática da Religião: considerações teóricas e metodológicas". *In*: PASSOS, J. D., USARSKI, F. (org.). *Compêndio de Ciência da Religião*. São Paulo: Paulinas; Paulus, 2013. pp. 577-588.

TWORUSCHKA, U. *Einführung in die Geschichte der Religionswissenschaft*. Darmstadt: Wissenschaftliche Buchgesellschaft, 2015.

TWORUSCHKA, U. "Praktische Religionswissenschaft". *In*: KLÖCKER, M., TWORUSCHKA, U. (ed.). *Praktische Religionswissenschaft: Ein Handbuch für Studium und Beruf*. Köln: Böhlau, 2008. pp. 13-24.

TWORUSCHKA, U. "Selbstverständnis, Methoden und Aufgaben der Religionswissenschaft und ihr Verhältnis zur Theologie". *Theologische Literaturzeitung*. Berlin: Journals Online & Print, ano 126, nº 2 (2001), pp. 123-138.

USARSKI, F. *Constituintes da Ciência da Religião. Cinco ensaios em prol de uma disciplina autônoma*. São Paulo: Paulinas, 2006.

USARSKI, F. *O Budismo e as outras. Encontros e desencontros entre as grandes religiões mundiais*. Aparecida, SP: Ideias & Letras, 2009.

USARSKI, F. "O pesquisador como benfeitor? Reflexões sobre os equívocos da Ciência Prática da Religião e sua alternativa". *In*: STERN, F. L., COSTA, M., SANTOS, R. (org.) *Anais do Seminário de Ciência da Religião Aplicada*. São Paulo: Pontifícia Universidade Católica de São Paulo, 2018a. pp. 14-27.

USARSKI, F. "A tradição da segunda ordem como fonte identitária da Ciência da Religião – reflexões epistemológicas e concretizações". *Interações*. Belo Horizonte, ano 13, nº 23 (2018b), pp. 23-37.

VAZ, P. B. F., COSTA, D. V. "O choque e as províncias de significado finito de Alfred Schütz". *Vozes & Diálogo*. Itajaí, ano 12, nº 2 (2013), pp. 87-95. Disponível em: https://doi.org/10.14210/vd.v12n02.p%25p. Acesso em: 16 out. 2023.

VETTER, B. "Das Forschungsproblem". *In*: FRIEDRICH, W., HENNING, W. (ed.). *Der sozialwissenschaftliche Forschungsprozeß. Zur Methodologie, Methodik und Organization der marxistisch-leninistischen Sozialforschung*. Berlin (Ost): Deutscher Verlag der Wissenschaften, 1975. pp. 151-169.

WAARDENBURG, J. *Religionen und Religion. Systematische Einführung in die Religionswissenschaft*. Berlin; New York: De Gruyter, 1986.

WACH, J. *Religionswissenschaft – Prolegomena zu ihrer wissenschaftstheoretischen Grundlegung*. Leipzig: J.C. Hinrichs, 1924.

WANKE, J. *Theologie und Öffentlichkeit. Vortrag beim Katholisch-Theologischen Fakultätentag in Erfurt*. 27 de janeiro de 2008. Disponível em: http://www.bistum-erfurt.de/img/2008/wanke2008_theologie_und_oeffentlichkeit.pdf Acesso em: 9 nov. 2008.

WEBER, M. *Wissenschaft als Beruf (1917/19). Politik als Beruf (1919)*. Tübingen: J.C.B. Mohr (Paul Siebeck), 1994.

WIDGERY, A. G. *Comparative Study of Religions; a Systematic Survey*. London: Williams & Norgate, 1923.

WILSON, T. P. "Normative and Interpretive Paradigms in Sociology". *In*: DOUGLAS, J. D. (ed.). *Understanding Everyday Life: Toward the Reconstruction of Sociological Knowledge*. Chicago: Aldine, 1970. pp. 57-79.

WISSENSCHAFTSRAT. *Empfehlungen zur Weiterentwicklung von Theologien und religionsbezogenen Wissenschaften an deutschen Hochschulen*. Köln, 29 de janeiro de 2010. Disponível em: https://

www.wissenschaftsrat.de/download/archiv/9678-10.pdf?__blob=publicationFile&v=1. Acesso em: 26 nov. 2020.

WWU Münster: Institut für Religionswissenschaft. *Studium.* s.d. Disponível em: https://www.uni-muenster.de/FB2/religionswissenschaft/studieren/index.html. Acesso em: 1º ago. 2020.

YGGDRASILL – Religionswissenschaft. *Philips Universitat Marburg.* s.d. Disponível em: https://www.lists.uni-marburg.de/lists/sympa/info/yggdrasill. Acesso em: 16 out. 2023.

ÍNDICE REMISSIVO